A FELICIDADE
NESTA VIDA

PAPA FRANCISCO

A FELICIDADE NESTA VIDA
UMA MEDITAÇÃO APAIXONADA SOBRE A EXISTÊNCIA TERRENA

Organização
NATALE BENAZZI

1ª reimpressão

Copyright © 2017 by Libreria Editrice Vaticana, Città del Vaticano
Copyright © 2017 by Edizioni Piemme S.p.A., Segrate, Milano — www.edizpiemme.it
Publicado mediante acordo com Ute Körner Literary Agent — www.uklitag.com

O selo Fontanar foi licenciado pela Editora Schwarcz S.A.

Grafia atualizada segundo o Acordo Ortográfico da Língua Portuguesa de 1990, que entrou em vigor no Brasil em 2009.

TÍTULO ORIGINAL La felicità in questa vita: Una meditazione appassionata sull'esistenza terrena

TRADUÇÃO DE TRECHOS Amabile Ilibrante Zavattini (pp. 12, 35, 47-53, 55-7, 73, 86-7, 149-50, 152-4, 159, 180, 182-3 e 193)

CAPA Claudia Espínola de Carvalho

IMAGEM DE CAPA venimo/ Shutterstock

PREPARAÇÃO Paula Carvalho

REVISÃO Érica Borges Correa e Renato Potenza Rodrigues

Dados Internacionais de Catalogação na Publicação (CIP)
(Câmara Brasileira do Livro, SP, Brasil)

Francisco, Papa
A felicidade nesta vida : uma meditação apaixonada
sobre a existência terrena / Papa Francisco ; organização
Natale Benazzi. — 1ª ed. — São Paulo : Fontanar, 2018.

Título original: La felicità in questa vita: Una
meditazione appassionata sull'esistenza terrena.
ISBN 978-85-8439-102-8

1. Felicidade 2. Francisco, Papa, 1936- — Mensagens
3. Meditação 4. Orações 5. Reflexões 6. Vida cristã I.
Benazzi, Natale. II. Título.

17-10856	CDD-248.34

Índice para catálogo sistemático:
1. Meditação : Prática religiosa : Cristianismo 248.34

[2021]
Todos os direitos desta edição reservados à
EDITORA SCHWARCZ S.A.
Rua Bandeira Paulista, 702, cj. 32
04532-002 — São Paulo — SP
Telefone: (11) 3707-3500
www.facebook.com.br/Fontanar.br

Sumário

O caminho da felicidade 7

PARTE I: A SUA VIDA EM BUSCA DE SENTIDO

Sonhos e projetos, futuro e esperanças 11
O segredo da vida 35
Pessoas livres e libertas 59

PARTE II: VOCÊ E OS OUTROS,
FELICIDADE NOS RELACIONAMENTOS

Seja luz contagiante 71
A família, plenitude de vida 91
Existências bem-sucedidas: as vocações vividas com alegria .. 103
O dom e a dificuldade de ser mulher 115

PARTE III: O CÊNTUPLO TAMBÉM NO SOFRIMENTO

Além das lágrimas e da solidão 127
Dos erros ao perdão 149
O cêntuplo e a eternidade 161

PARTE IV: QUEM REZA VIVE DIAS SERENOS

A oração completa o ser humano 179

As orações do papa Francisco para uma vida bem-sucedida .. 185

O caminho da felicidade

As Bem-Aventuranças são o caminho que Deus indica como resposta ao desejo de felicidade inerente ao homem, e aperfeiçoam os mandamentos da Antiga Aliança. Nós estamos habituados a aprender os Dez Mandamentos, mas não estamos acostumados a repetir as Bem-Aventuranças. Procuremos, assim, recordá-las e gravá-las no nosso coração:

Bem-aventurados os pobres em espírito, porque deles é o Reino dos Céus.

Bem-aventurados os mansos, porque herdarão a terra.

Bem-aventurados os aflitos, porque serão consolados.

Bem-aventurados os que têm fome e sede de justiça, porque serão saciados.

Bem-aventurados os misericordiosos, porque alcançarão misericórdia.

Bem-aventurados os puros de coração, porque verão a Deus.

Bem-aventurados os que promovem a paz, porque serão chamados filhos de Deus.

Bem-aventurados os que são perseguidos por causa da justiça, porque deles é o Reino dos Céus.

Bem-aventurados sois, quando vos injuriarem e vos perseguirem e, mentindo, disserem todo o mal contra vós por causa de mim. Alegrai-vos e regozijai-vos, porque será grande a vossa recompensa nos céus.

Voltem-se agora para o Evangelho, aquele que carregam consigo... Lembrem-se de que devem sempre carregar um pequeno Evangelho. Leiam as Bem-Aventuranças no capítulo 5 de Mateus. Leiam todos os dias, para não esquecer, porque se trata da Lei que Jesus nos concede!

A novidade trazida por Cristo se encontra nessas palavras. As Bem-Aventuranças são o retrato de Jesus, o seu modo de vida e, por isso, são o caminho da verdadeira felicidade. Nós também podemos percorrê-lo com a graça que Jesus nos concede.

PARTE I
A SUA VIDA EM BUSCA DE SENTIDO

Sonhos e projetos, futuro e esperanças

Com Jesus Cristo, renasce sem cessar a alegria.
Evangelii gaudium, 1

O EVANGELHO DA VIDA REALIZADA

A alegria do Evangelho enche o coração e a vida inteira daqueles que se encontram com Jesus. Quantos se deixam salvar por Ele são libertados do pecado, da tristeza, do vazio interior, do isolamento.

Evangelii gaudium, 1

A GRANDE PERGUNTA:
É POSSÍVEL A ESPERANÇA, AQUI E AGORA?

Certamente, notamos que o *ritmo* vertiginoso a que estamos submetidos rouba a nossa esperança e a nossa alegria. Quando nos sentimos pressionados e impotentes, podemos nos tornar grosseiros e insensíveis diante de situações desafiadoras. E quando corremos para construir, em teoria, uma sociedade melhor, paradoxalmente, não temos tempo para nada nem para ninguém. No final, ficamos sem tempo para a família, para a comunidade, para a amizade, para a solidariedade e para a memória.

Devemos, por isso, nos perguntar: Como é possível viver hoje a alegria do Evangelho nas nossas cidades? Nessas condições, a esperança cristã é possível, aqui e agora?

Essas duas perguntas tratam da nossa identidade, da vida das nossas famílias, dos nossos países e das nossas cidades.

Homilia, 25 de março de 2017

UMA SALADA TEMPERADA COM ÓLEO...

Jesus havia acabado de falar sobre o perigo das riquezas, de como era difícil que um rico entrasse no Reino dos Céus, ao que Pedro retrucou: "Eis que nós deixamos tudo e te seguimos. O que é que vamos receber?". Jesus, generoso, respondeu a Pedro: "Em verdade vos digo [...] todo aquele que tiver deixado casas ou irmãos, ou irmãs, ou pai, ou mãe, ou filhos, ou terras, por causa do meu nome, receberá cem vezes mais e herdará a vida eterna" (Mt 19,28-29).

É possível que Pedro tenha pensado: "Essa é uma boa atividade comercial, pois é só seguir Jesus para receber cem vezes mais". Jesus, no entanto, afirmou que, junto com esses ganhos, viria a perseguição. Com isso, alcançarão a vida eterna. Sim, vocês abriram mão de tudo e receberão aqui na terra muitas coisas, mas serão perseguidos.

É como uma salada temperada com o óleo da perseguição. Esse é o ganho do cristão, e é esse o caminho dos que desejam seguir Jesus. Porque é o caminho que ele fez, e ele foi perseguido.

Meditação Matutina, 4 de março de 2014

ABRA O CORAÇÃO À LENTIDÃO DO REINO

Nas parábolas, Jesus ensina que o Reino adentra o mundo de forma humilde, desenvolvendo-se em silêncio e de modo contínuo nos corações abertos à sua mensagem de esperança e salvação. O Evangelho ensina que o Espírito de Jesus pode trazer nova vida ao coração de todos os homens e transformar qualquer situação, inclusive aquelas aparentemente sem esperança. Jesus pode transformar todas as situações! Essa é a mensagem que precisa ser compartilhada, tanto na escola e nas universidades, como no mundo do trabalho, e entre as famílias e as comunidades. Em virtude de Jesus ter ressuscitado dos mortos, sabemos que Ele tem "palavras de vida eterna" (Jo 6,68) e, por isso, sua palavra tem o poder de tocar os corações, de vencer o mal com o bem, e de mudar e redimir o mundo.

Discurso, 15 de agosto de 2014

TUDO BEM COM A ALEGRIA?

Como escreveu são Paulo: "Alegrai-vos sempre [...] O Senhor está próximo!" (Fl 4,4-5). Pois bem, gostaria de fazer uma pergunta. Cada um deve carregar essa pergunta no coração e respondê-la sozinho. Como se vive a alegria em sua casa? Como se vive a alegria em sua família? Deem vocês mesmos a resposta.

Queridas famílias, como bem sabem, a verdadeira alegria que se experimenta na família não é algo superficial, não vem das coisas, nem das circunstâncias favoráveis... A verdadeira alegria vem da harmonia profunda entre as pessoas, que todos sentem no coração, e que nos faz sentir a beleza de estarmos juntos, de nos apoiarmos uns aos outros no caminho da vida. Mas, na base desse sentimento de alegria profunda, está a presença de Deus na família, com o seu amor acolhedor, misericordioso e cheio de respeito por todos. E, acima de tudo, um amor paciente: a paciência é uma virtude de Deus, e Ele nos ensina, na família, a ter esse amor paciente uns com os outros. Ter paciência entre nós. Amor paciente. Só Deus sabe criar a harmonia a partir das diferenças. Se o amor de Deus falta, a família também perde a harmonia, o individualismo prevalece e a alegria se apaga. Pelo contrário, a família que vive a alegria da fé, comunica-a espontaneamente, é sal da terra e luz do mundo, é fermento para toda a sociedade.

Homilia, 27 de outubro de 2013

NÃO LIMITE OS SEUS SONHOS

Gostaria de dizer sobretudo aos mais jovens, inclusive pela sua idade e pela visão do futuro que se abre diante dos seus olhos, que saibam ser disponíveis e generosos. Às vezes, essas qualidades podem não ser desenvolvidas diante das incertezas e preocupações com relação ao futuro, o que pode limitar os seus sonhos, a ponto de pensar que não vale a pena comprometer-se e que o Deus da fé cristã restringe a sua liberdade. Pelo contrário, queridos jovens, não há porque ter medo de sair de dentro de si e colocar-se no caminho! O Evangelho é a palavra que liberta, transforma e torna mais bela a vida.

Mensagem para o Dia Mundial de Oração pelas Vocações,
29 de março de 2015

NÃO SE SENTE REALIZADO?
ENTREGUE-SE NOS BRAÇOS DE DEUS

Muitas vezes não conseguimos entender o desígnio de Deus e percebemos que não somos capazes de atingir sozinhos a felicidade e a vida eterna. Mas é precisamente ao experimentar os nossos limites e a nossa pobreza que o Espírito nos conforta e nos leva a sentir que a única coisa importante é deixar que Jesus nos guie até os braços do seu Pai.

Audiência Geral, 11 de junho de 2014

A JORNADA DE VIDA DOS SANTOS (E A SUA)

Se há alguma coisa que caracterize os santos, é o fato de serem verdadeiramente felizes. Descobriram o segredo da felicidade autêntica, que mora no fundo da alma e tem a sua fonte no amor de Deus. Por isso, os santos são chamados "bem-aventurados".

Homilia, 1º de novembro de 2016

DEUS CONSOLA COMO UMA MÃE

Como uma mãe que toma para si os pesos e fadigas de seus filhos, assim Deus gosta de se encarregar dos nossos pecados e inquietações. Ele, que nos conhece e ama infinitamente, é sensível à nossa oração e sabe enxugar as nossas lágrimas. Quando nos vê, sempre se comove e se enternece com um amor profundo, porque, para além do mal que possamos fazer, sempre somos os seus filhos. Assim, deseja nos envolver em seus braços, nos proteger, nos livrar dos perigos e do mal. Deixemos ressoar no nosso coração essas palavras: "Como a uma pessoa que a sua mãe consola, assim eu vos consolarei" (Is 66,13).

Homilia, 1º de outubro de 2016

A IMAGEM DE CRISTO É A SUA REALIZAÇÃO

O fiel aprende a ver a si mesmo a partir da fé que professa: a figura de Cristo é o espelho em que descobre a sua própria imagem realizada. E como Cristo envolve todos os fiéis que formam o seu corpo, o cristão compreende-se a si mesmo nesse corpo, em relação primordial com Cristo e os irmãos na fé.

Lumen fidei, 22

SEJA CRIANÇA NO ABRAÇO DO ESPÍRITO

Quando o Espírito Santo faz a sua morada no nosso coração, traz consolação e paz, fazendo-nos sentir como realmente somos: pequenos, com aquela posição — tão recomendada por Jesus no Evangelho — de quem põe todas as suas preocupações e expectativas em Deus, sentindo-se abraçado e sustentado pelo seu calor e pela sua proteção, como uma criança com o seu pai! O Espírito Santo nos nossos corações traz a sensação de sermos como crianças no colo do nosso pai. Então, nesse sentido, compreendemos que o temor de Deus toma a forma da docilidade, do reconhecimento e do louvor, enchendo de esperança o nosso coração.

Audiência Geral, 11 de junho de 2014

DESEJO UM AMOR QUE SEJA PARA SEMPRE

O coração do ser humano aspira a grandes coisas, a valores importantes, a amizades profundas, a laços que se fortalecem nas provações da vida em vez de se despedaçarem. O ser humano aspira a amar e a ser amado. Essa é a nossa aspiração mais profunda: amar e ser amados. A cultura do provisório não exalta a nossa liberdade, mas nos afasta do nosso verdadeiro destino, dos objetivos mais verdadeiros e autênticos. É uma vida fragmentada. É triste chegar a uma certa idade, olhar para o caminho que percorremos e pensar que foi fragmentado em várias partes, sem unidade, sem nada de definitivo: tudo provisório...

Discurso, 5 de julho de 2014

EM UMA ÉPOCA DE ORFANDADE, VOCÊ TEM UM PAI

Deus não é um ser distante e anônimo: é o nosso refúgio, a fonte da nossa serenidade e da nossa paz. É a rocha da salvação à qual nos podemos agarrar, tendo a certeza de que não vamos cair; quem se agarra a Deus nunca cai! É a nossa defesa contra o mal que está sempre à espreita. Deus é para nós o grande amigo, o aliado, o pai, mas nem sempre nos damos conta disso. Não percebemos que temos um amigo, um aliado, um pai que nos ama, e preferimos nos apoiar em bens imediatos que podemos tocar, esquecendo e, por vezes, rejeitando o bem supremo, que é o amor paterno de Deus. É tão importante nessa época de orfandade senti-lo como Pai! Nesse mundo órfão, sinta-o como Pai.

Angelus, 26 de fevereiro de 2017

NÃO CONSEGUIREI...

Sozinhos não podemos conseguir. Diante da pressão dos acontecimentos e dos modismos, sozinhos nunca conseguiremos encontrar o caminho correto, e se o encontrássemos, não teríamos a força suficiente para perseverar e enfrentar as subidas e os obstáculos inesperados. E aqui vem o convite do Senhor Jesus: "Se queres [...] segue-me" (Mt 19,21). Ele nos convida para acompanhá-lo no caminho — seu objetivo não é nos explorar ou nos escravizar, mas nos tornar livres. Com essa liberdade, convida-nos a acompanhá-lo ao longo do caminho. É assim. Só *ao lado de Jesus*, rezando e seguindo os seus passos é que encontramos clareza de visão e força para continuar caminhando. Ele nos ama, nos escolheu, se doou totalmente a cada um de nós. É o nosso defensor e irmão mais velho e será o nosso único juiz. Como é bom poder enfrentar as vicissitudes da existência junto com Jesus, ter a sua pessoa e a sua mensagem ao nosso lado! Ele não tira a autonomia ou liberdade; ao contrário, fortalece a nossa fragilidade, permite que sejamos verdadeiramente livres — livres para praticar o bem, fortes para continuar a fazer o bem, capazes de perdoar e de pedir perdão. É Jesus quem nos acompanha, ou seja, o Senhor!

Discurso, 5 de julho de 2014

NÃO SE CURVE, NÃO SE DEIXE ASFIXIAR, NÃO SEJA PRISIONEIRO

Não se fechem em si mesmos, não se deixem asfixiar por pequenas brigas, não sejam prisioneiros dos seus problemas. Eles vão se resolver se vocês saírem para ajudar os outros a resolver os problemas deles, anunciando-lhes a Boa-Nova. Assim, verão que a vida gera vida, a esperança gera esperança e o amor gera amor.

Carta Apostólica às pessoas consagradas,
21 de novembro de 2014

SAIA DE SI MESMA, SAIA DE SI MESMO PARA RECEBER O CÊNTUPLO

Na raiz da vocação cristã, há o movimento fundamental da experiência de fé: crer significa sair de si mesmo, deixar a comodidade e rigidez do próprio eu para centrar a vida em Jesus Cristo; da mesma forma que Abraão abandonou a própria terra, colocando-se no caminho com confiança, sabendo que Deus indicará a estrada para a nova terra. Essa "saída" não deve ser entendida como um desprezo pela própria vida, pelo próprio sentir, pela própria humanidade; ao contrário, quem segue Cristo encontra a vida em abundância, colocando-se à disposição de Deus e do Seu Reino. Como diz Jesus: "E todo aquele que tiver deixado casas ou irmãos, ou irmãs, ou pai, ou mãe, ou filhos, ou terras, por causa do meu nome, receberá cem vezes mais e herdará a vida eterna" (Mt 19,29). Tudo isso tem sua origem mais profunda no amor.

Mensagem para o Dia Mundial de Oração pelas Vocações,
29 de março de 2015

ROMPA A BARREIRA DO MEDO

Foi a primeira palavra que o arcanjo Gabriel dirigiu à Virgem: "Alegra-te, cheia de graça, o Senhor está contigo!" (Lc 1,28). Nada nem ninguém pode tirar a alegria interior de quem descobriu Jesus. Cristo dá aos seus discípulos a força necessária para que não fiquem tristes e desanimados, pensando que os problemas não têm solução. Amparado por essa verdade, o cristão não duvida de que aquilo que se faz com amor leva a uma alegria serena, irmã daquela esperança que rompe a barreira do medo e abre a porta para um futuro promissor.

Mensagem, 8 de setembro de 2014

NÃO SE CONTENTE COM UMA VIDA "PEQUENA"

Vocês desejam realmente a felicidade? Em uma época em que somos atraídos por tantas imagens falsas do que é a felicidade, corremos o risco de nos contentarmos com pouco, com uma ideia "pequena" da vida. Aspirem a coisas grandes! Abram o coração! Como dizia o beato Pier Giorgio Frassati: "viver sem uma fé, sem um patrimônio para defender, sem sustentar uma luta contínua pela verdade, não é viver, mas fingir que se vive" (Carta a I. Bonini, 27 de fevereiro de 1925).

Mensagem para a Jornada Mundial da Juventude,
21 de janeiro de 2014

DEIXE QUE O ESPÍRITO ABRA SEU CORAÇÃO

Eis o motivo pelo qual temos tanta necessidade do dom do Espírito Santo. O temor de Deus faz com que tenhamos consciência de que tudo é graça e que a nossa verdadeira força consiste unicamente em seguir o Senhor Jesus, deixando que o Pai derrame sobre nós a sua bondade e misericórdia. Abram o coração para receber a bondade e a misericórdia de Deus. É isso que faz o Espírito Santo com o dom do temor de Deus: abre os corações. Mantenham o coração aberto para deixar entrar o perdão, a misericórdia, a bondade e o carinho do Pai, porque nós somos filhos infinitamente amados.

Audiência Geral, 11 de junho de 2014

HOJE É PRECISO CORAGEM

Hoje é tempo de missão e de coragem! Coragem para reforçar os passos vacilantes, para retomar o gosto de se voltar para o Evangelho, de readquirir confiança na força da missão. É tempo de coragem, mesmo que isso signifique não ter garantia de sucesso. É preciso ter coragem para lutar, não necessariamente para vencer; para anunciar, não necessariamente para converter. É preciso ter coragem para ser alternativo no mundo, contudo sem ser polêmico ou agressivo. É preciso ter coragem para se abrir a todos, sem nunca diminuir o absoluto e a unicidade de Cristo, único salvador de todos. É preciso ter coragem para resistir à incredulidade, sem se tornar arrogante. É preciso hoje ter a coragem do publicano do Evangelho que, com humildade, nem sequer ousava erguer os olhos ao céu, mas batia a mão no peito dizendo: "Meu Deus, tem piedade de mim, pecador" (Lc, 18,13). Hoje é tempo de coragem! Hoje é necessário ter coragem!

Angelus, 23 de outubro de 2016

DEUS NO CORAÇÃO

A consolação, de que temos necessidade no meio dos acontecimentos turbulentos da vida, é justamente a presença de Deus no coração. Porque a Sua presença em nós é a fonte da verdadeira consolação, que perdura, liberta do mal, traz a paz e faz crescer a alegria.

Homilia, 1º de outubro de 2016

O QUE ABORRECE O PAPA FRANCISCO?

Quando escuto um jovem ou uma jovem, um catequista ou uma catequista, ou qualquer um, falarem do Senhor, eu me irrito. Pois falam do Senhor com uma certa tristeza. Ele disse *alegria*, e esse é o segredo: falar do Senhor *com alegria*. Isso se chama *testemunho cristão*. Entenderam?

Encontro, 15 de janeiro de 2017

SEJA UMA PESSOA QUE CANTA A VIDA

Sejam pessoas que cantam a vida, que cantam a fé. Isso é importante: não só recitar o Credo, recitar a fé, conhecer a fé, mas cantar a fé! Proclamar a fé e viver a fé com alegria chama-se "cantar a fé". E não fui eu quem disse isso! Foi Santo Agostinho, há 1600 anos, quem disse: "cantar a fé"!

Discurso, 3 de maio de 2014

OS ALAMBIQUES DO MEDO

É mais fácil acreditar em um fantasma do que no Cristo vivo! É mais fácil ir até um feiticeiro que adivinha o futuro, que lê as cartas, do que ter confiança na esperança de um Cristo vencedor, de um Cristo que venceu a morte! É mais fácil acreditar em uma ideia, em uma ilusão, do que na gentileza desse Senhor que ressuscita da morte e que nos convida para o desconhecido. Esse processo de relativizar a fé acaba por nos afastar do encontro com Deus, afastando-nos do seu carinho. É como se "destilássemos" a realidade do encontro com Jesus Cristo no alambique do medo, no alambique da segurança excessiva, diante do desejo de nós mesmos controlarmos o encontro. Os discípulos tinham medo da alegria... e nós também temos!

Homilia, 24 de abril de 2014

A FELICIDADE NÃO SE COMPRA

A felicidade não se compra. E quando você compra a felicidade, percebe depois de um tempo que a felicidade desapareceu... A felicidade que pode ser comprada não dura. Apenas a felicidade do amor é a que permanece!

E o caminho do amor é simples: ame a Deus e ame o próximo, seu irmão; aquele que está ao seu lado, aquele que necessita de amor e precisa de muitas coisas. "Mas, padre, como é possível saber se amo a Deus?" É muito simples! Se você ama o próximo, se não tem ódio no seu coração, você ama a Deus. Essa é a prova incontestável!

Discurso, 15 de agosto de 2014

POR QUAL CAMINHO GOSTARIA DE IR?

Jesus volta-se para nós com sua proposta de vida, deixando em nossas mãos a decisão de escolher o caminho para se chegar à verdadeira alegria. É um grande desafio de fé. Jesus não teve medo de perguntar aos seus discípulos se queriam segui-lo ou se preferiam percorrer outros caminhos (cf. Jo 6,67). E Simão, chamado Pedro, teve a coragem de responder: "Senhor, a quem iremos? Tens palavras de vida eterna [...]" (Jo 6,68). Se souberem dizer "sim" para Jesus, a sua vida ficará plena de significado, e assim será fecunda.

Mensagem para a Jornada Mundial da Juventude,
21 de janeiro de 2014

SAIBA QUAIS SÃO SEUS TALENTOS E SEUS LIMITES: VOCÊ NÃO ESTÁ SOZINHO!

São alegres as pessoas capazes de reconhecer os próprios talentos e limites, que sabem ver nas suas trajetórias, inclusive nas mais sombrias, os sinais da presença do Senhor. Alegrem-se porque o Senhor os chamou para dividirem a responsabilidade da missão da Igreja. Alegrem-se porque não estão sozinhos nesse caminho: o Senhor os acompanha, os bispos e sacerdotes oferecem apoio, assim como as comunidades paroquiais e as comunidades diocesanas com as quais partilham o caminho. Vocês não estão sozinhos!

Discurso, 3 de maio de 2014

ENCARE A VIDA COM VONTADE E NÃO COM CANSAÇO

É muito triste ver uma juventude que está "saciada", mas que é fraca. Escrevendo aos jovens, são João disse: "porque sois fortes, porque a Palavra de Deus permanece em vós, e porque vencestes o Maligno" (1Jo 2,14). Os jovens que escolhem Cristo são fortes, nutrem-se da palavra dele e não se "empanturram" com outras coisas. Tenham a coragem de ir contra a corrente. Tenham a coragem de ir atrás da verdadeira felicidade! Digam não à cultura do provisório, da superficialidade e do descartável, que não os considera capazes de assumir responsabilidades e enfrentar os grandes desafios da vida.

Mensagem para a Jornada Mundial da Juventude,
21 de janeiro de 2014

NÃO TENHA MEDO DA ALEGRIA

No Evangelho, os discípulos não conseguem acreditar na alegria que sentem quando percebem que Cristo ressuscitou, pois não podem crer na razão de tamanha alegria. Assim diz o Evangelho. Analisemos a cena: Jesus ressuscitou, os discípulos de Emaús narraram seu encontro com Cristo ressuscitado; também Pedro afirmou que o viu. Em seguida, o próprio Senhor apareceu na sala e disse-lhes: "A paz esteja convosco!". Vários sentimentos irromperam nos corações dos discípulos: medo, surpresa, dúvida e, finalmente, alegria. Um júbilo tão grande que, devido a essa alegria, "não conseguiam acreditar". Estavam assustados, transtornados, e Jesus, esboçando um sorriso, pediu-lhes algo para comer e começou a explicar as Escrituras, abrindo-lhes a mente para que pudessem compreendê-las. É o momento da admiração, do encontro com Jesus Cristo, em que tanta alegria não nos parece verdadeira; além disso, assumir o júbilo desse instante parece arriscado, e sente-se a tentação de se refugiar no ceticismo.

Homilia, 24 de abril de 2014

O ESTILO DE VIDA DE JESUS É A NOSSA LIBERDADE

A finalidade de Jesus ao se fazer pobre não foi a pobreza em si mesma, mas foi — como diz são Paulo — "para vos enriquecer com a sua pobreza" (2Co 8,9). Não se trata de um jogo de palavras, de uma frase de efeito. Pelo contrário, é uma síntese da lógica de Deus: a lógica do amor, a lógica da Encarnação e da Cruz. Deus não fez cair do céu para nós a salvação como uma esmola qualquer, como algo supérfluo e com objetivo filantrópico. Não é assim o amor de Cristo! Quando Jesus desce às águas do Jordão e pede a João Batista para batizá-lo, não o faz porque tem necessidade de penitência, de conversão; mas faz isso para se colocar no meio do povo necessitado de perdão, de nós, pecadores, e carregar o peso dos nossos pecados. Esse foi o caminho que ele escolheu para nos consolar, nos salvar e nos libertar da nossa miséria.

Mensagem para a Quaresma, 26 de dezembro de 2013

COM JESUS, TEMOS A ALEGRIA EM CASA!

Jesus veio trazer a alegria para todos e para sempre. Não se trata de uma alegria esperada ou adiada para o paraíso — aqui na terra somos tristes, mas no paraíso seremos jubilosos. Não! Não é assim, pois é uma alegria que já é real, que pode ser experimentada agora, porque *o próprio Jesus é a nossa alegria.* Com Jesus, temos a alegria em casa. E sem Jesus há alegria? Não! Muito bem! Ele está vivo, é o Ressuscitado, e age em nós e entre nós, sobretudo com a palavra e com os sacramentos.

Angelus, 14 de dezembro de 2014

VENHAM A MIM, VOCÊS QUE ESTÃO CANSADOS!

No Evangelho de Mateus, há uma palavra de Jesus que vem em nossa ajuda: "Vinde a mim todos os que estais cansados sob o peso do vosso fardo e eu vos darei descanso" (Mt 11,28). Muitas vezes a vida é difícil, até mesmo trágica! Trabalhar é cansativo; procurar trabalho é cansativo. E encontrar emprego hoje envolve muito esforço! Mas, aquilo que mais pesa na vida não é isso: aquilo que pesa mais do que tudo é a falta de amor. Pesa não receber um sorriso, não ser benquisto. Pesam certos silêncios, às vezes mesmo em família, entre marido e esposa, entre pais e filhos, entre irmãos. Sem amor, o esforço se torna mais pesado, intolerável. Penso nos idosos sozinhos, nas famílias em dificuldade porque não têm ajuda para sustentar aqueles que precisam de cuidados especiais.

Discurso, 26 de outubro de 2013

ORIGEM, MANIFESTAÇÃO, ALMA

O Pai é a fonte da alegria. O Filho é a sua manifestação, e o Espírito Santo, o animador. Logo depois de ter louvado o Pai — como diz o evangelista Mateus —, Jesus convida-nos: "Vinde a mim todos os que estais cansados sob o peso do vosso fardo e eu vos darei descanso. Tomai sobre vós o meu jugo e aprendei de mim, porque sou manso e humilde de coração, e encontrareis descanso para vossas almas, pois o meu jugo é suave e o meu fardo é leve" (Mt 11,28-30). "A alegria do Evangelho enche o coração e a vida inteira daqueles que se encontram com Jesus. Quantos se deixam salvar por Ele são libertados do pecado, da tristeza, do vazio interior, do isolamento. Com Jesus Cristo, renasce sem cessar a alegria" (*Evangelii gaudium*, 1). De tal encontro com Jesus, a Virgem Maria teve uma experiência totalmente singular e tornou-se "causa nostrae laetitiae". Os discípulos, por sua vez, receberam o chamamento para estar com Jesus, e foram enviados por ele para evangelizar (cf. Mc 3,14); feito isso, foram tomados de alegria. Por que nós também não entramos nessa torrente de alegria?

Mensagem, 8 de junho de 2014

DEIXE PARA TRÁS SUA ÂNFORA

Nós encontramos na passagem da Samaritana no Evangelho o estímulo para "deixar a nossa ânfora", símbolo de tudo o que é aparentemente importante, mas que perde valor diante do "amor de Deus". Todos temos uma, ou mais de uma! Assim, pergunto: "Qual é a sua ânfora, aquela que pesa, aquela que afasta você de Deus?". Deixemos de lado essa ânfora e, com o coração, escutemos a voz de Jesus, que nos oferece outra água, que nos aproxima do Senhor. Somos chamados, então, a redescobrir a importância e o sentido da nossa vida cristã, que começou com o batismo, e, como a Samaritana, a testemunhar com nossos irmãos. Testemunhar o quê? Ora, a alegria! Testemunhar a alegria do encontro com Jesus, porque cada encontro com Jesus muda a nossa vida, e também cada encontro com Jesus nos enche de alegria, aquela alegria que vem de dentro. E o Senhor é assim. Pensemos em quantas coisas maravilhosas o Senhor faz no nosso coração, quando temos a coragem de pôr de lado a nossa ânfora.

Angelus, 23 de março de 2014

SAIA DE SI MESMO E PROCURE A LUZ

De fato, quem quer chegar até a luz deve sair de si mesmo e procurar: não pode permanecer fechado, parado olhando o que acontece ao seu redor, precisa colocar em risco a própria vida; sair de si mesmo. A vida cristã é um *caminho contínuo*, feito de esperança e de busca; um caminho que, como o dos Reis Magos, prossegue até quando a estrela desaparece momentaneamente da vista. Ao longo desse caminho, existem também ameaças que devem ser evitadas: as conversas superficiais e mundanas, que atrapalham a caminhada; os caprichos paralisantes do egoísmo; os abismos do pessimismo, que enredam a esperança.

Angelus, 6 de janeiro de 2017

NÃO SE CONTENTE COM OBJETIVOS PEQUENOS

Não deixem que tirem de vocês o desejo de construir coisas grandes e sólidas em sua vida! É isso que faz com que sigamos sempre em frente. Não se contentem com metas pequenas! Aspirem à felicidade, tenham coragem, a coragem de sair de dentro de si, e de entregar plenamente o seu futuro a Jesus.

Discurso, 5 de julho de 2014

REJEITE OFERTAS "BARATAS"

Se verdadeiramente fizerem emergir as aspirações mais profundas de seu coração, perceberão que, dentro dele, há um desejo inextinguível de felicidade, o que permitirá desmascarar e rejeitar as numerosas ofertas "baratas" que encontrarem ao seu redor. Quando procuramos o sucesso, o prazer e a riqueza de modo egoísta, idolatrando-os, podemos experimentar também momentos de inebriamento, uma falsa sensação de satisfação; mas, no final das contas, tornamo-nos escravos, nunca estamos satisfeitos, somos impelidos a buscar sempre mais.

Mensagem para a Jornada Mundial da Juventude,
21 de janeiro de 2014

A ALEGRIA DE DEUS É A PRESENÇA DE JESUS ENTRE NÓS

O tempo do Advento nos convida à vigilância espiritual para preparar o caminho para o Senhor que vem. Nesse terceiro domingo, a liturgia propõe-nos outra atitude interior com a qual viver essa expectativa do Senhor, que é a alegria. Eis que nos propõe a alegria de Jesus!

O coração do homem deseja a alegria. Todos desejamos a alegria, cada família, cada povo aspira à felicidade. Mas qual é a alegria que o cristão está chamado a viver e a testemunhar? É a que vem da proximidade de Deus, da sua presença na nossa vida. Desde quando Jesus entrou na história, com o seu nascimento em Belém, a humanidade recebeu o germe do Reino de Deus, como um terreno que recebe a semente, com a promessa da colheita futura. Não é preciso continuar a procurar em outra parte!

Angelus, 14 de dezembro de 2014

AME A BELEZA, PROCURE A VERDADE

Para mim, um jovem que ama a verdade e que a procura, ama a bondade e é bondoso, é uma pessoa boa; quem procura e ama a beleza está no bom caminho e certamente encontrará Deus! Mais cedo ou mais tarde, acabará por encontrá-lo! Mas o caminho é longo, e algumas pessoas não o encontram na vida. Não de maneira consciente. Contudo, são tão autênticos e honestos consigo mesmos, tão bons e tão amantes da beleza, que, no final, formam uma personalidade muito madura, capaz de um encontro com Deus, que é sempre uma graça. Pois o encontro com Deus é uma graça.

Nós podemos percorrer o caminho... Alguns o encontram nas outras pessoas... É uma vereda que deve ser percorrida... Cada um deve encontrá-lo pessoalmente. Deus não se encontra por boatos, nem se paga para encontrar Deus. Trata-se de um caminho pessoal, é assim que devemos encontrá-lo.

Encontro com jovens da Bélgica, 31 de março de 2014

UMA CENA REPLETA DE LUZ

Jesus entra em Jerusalém. A multidão dos discípulos acompanha-o em festa, os mantos são estendidos diante d'Ele, fala-se dos prodígios que realizou, ergue-se um grito de louvor: "Bendito aquele que vem, o Rei, em nome do Senhor! Paz no céu e glória no mais alto dos céus!" (Lc 19,38).

Multidão, festa, louvor, bênção, paz: respira-se um clima de alegria. Jesus despertou tantas esperanças nos corações, especialmente das pessoas humildes, simples, pobres, abandonadas, invisíveis aos olhos do mundo. Ele soube compreender as misérias humanas, mostrou o rosto misericordioso de Deus e inclinou-se para curar o corpo e a alma.

Assim é Jesus. Assim é o seu coração, que nos vê a todos, que vê as nossas enfermidades, os nossos pecados. Grande é o amor de Jesus! E entra assim em Jerusalém, com esse amor que nos vê a todos. É uma cena linda: cheia de luz — a luz do amor de Jesus, do amor do seu coração —, de alegria, de festa.

Homilia, 24 de março de 2013

QUANDO FLORESCEM AS AMENDOEIRAS

Somos sempre atraídos pelo bem, somos atraídos pela verdade, assim como pela vida, pela felicidade, pela beleza... Jesus é o ponto de encontro dessa atração recíproca e desse movimento duplo. Jesus é Deus e homem. Deus e homem. Mas quem toma a iniciativa? Sempre Deus! O amor de Deus vem sempre antes do nosso! Ele sempre toma a iniciativa. Ele nos espera, nos convida, a iniciativa é sempre Sua. Jesus é Deus que se fez homem, encarnou, nasceu para nós. A estrela nova que apareceu aos Reis Magos era o sinal do nascimento de Cristo. Se não tivessem visto a estrela, aqueles homens não teriam partido. A luz precede-nos, a verdade precede-nos, a beleza precede-nos. Deus precede-nos. O profeta Isaías dizia que Deus é como a flor da amendoeira. Por quê? Porque naquela terra a amendoeira é a primeira árvore que floresce. E Deus precede-nos, procura-nos sempre primeiro, Ele dá o primeiro passo.

Angelus, 6 de janeiro de 2014

SANTA TERESA D'ÁVILA, PROFESSORA DA FELICIDADE

Teresa de Jesus convida as monjas: "andai alegres, servindo" (*Caminho de perfeição* 18,5). A verdadeira santidade é alegria, porque "um santo triste é um triste santo". Antes de serem heróis corajosos, os santos são fruto da graça de Deus aos homens. Cada santo nos mostra uma característica do semblante multiforme de Deus. Em Santa Teresa contemplamos o Deus que, sendo "Soberana Majestade e Sabedoria Eterna" (*Poesia* 2), se revela próximo e companheiro, e tem prazer de falar com os homens: Deus alegra-se com cada um de nós. E, sentindo o seu amor, na santa brotava uma alegria contagiante que ela não conseguia dissimular e transmitia ao seu redor. Essa alegria é um caminho que precisa ser percorrido durante a vida inteira. Não é instantânea, superficial, turbulenta. É necessário procurá-la "desde o início" (*Livro da vida* 13,1). Manifesta o júbilo interior da alma, é humilde e "modesta" (cf. *Livro das fundações* 12,1). Ela não pode ser alcançada através do atalho fácil que evita a renúncia, o sofrimento ou a cruz, mas encontra-se mediante o padecimento de dificuldades e dores (cf. *Livro da vida* 6,2; 30,8), contemplando o Crucificado e procurando o Ressuscitado (cf. *Caminho de perfeição* 26,4). Por isso, a alegria de

Santa Teresa não é egoísta nem autocentrada. Como o júbilo celeste, ela consiste em "alegrar-se que se alegrem todos" (*Caminho de perfeição* 30,5), pondo-se a serviço dos outros com amor abnegado. Como disse em um dos seus mosteiros que passava então por dificuldades, e que nos diz muito no momento atual, sobretudo aos jovens: "Não deixeis de caminhar com alegria!" (*Carta* 284,4). O Evangelho não é um saco de chumbo que arrastamos pesadamente, mas uma fonte de alegria que enche de Deus o coração, impelindo-o a servir os irmãos!

Mensagem, 15 de outubro de 2014

QUAL SERÁ O MEU CAMINHO?

No meu tempo, eu também fiz essa pergunta: qual caminho devo escolher? Mas não é você quem deve escolher o caminho: é o Senhor quem escolhe! Jesus escolheu, e você deve ouvi-lo e perguntar: "Senhor, que devo fazer?". Essa é a súplica que um jovem deve fazer: "Senhor, que quereis vós de mim?". E com a oração e o conselho de alguns amigos verdadeiros — leigos, padres, freiras, bispos, papas... (o papa também pode dar um bom conselho) — pode encontrar o caminho que o Senhor quer para você.

Discurso, 15 de agosto de 2014

LOUVOR AO DESCANSO

O descanso, apesar de ser necessário para a saúde da mente e do corpo, é frequentemente muito difícil de conciliar diante das numerosas exigências que tomam conta de nossa vida. Mas o repouso também é essencial para a nossa saúde espiritual, para podermos ouvir a voz de Deus e compreender aquilo que nos é pedido.

Discurso, 16 de janeiro de 2015

CULTIVE A CONFIANÇA, NOS HOMENS E EM DEUS

Muitas vezes confiamos em um médico, e isso é bom, porque o sentido da vida do médico é curar; confiamos em uma pessoa: os irmãos e as irmãs podem nos ajudar. É bom nutrir essa confiança humana entre nós. Contudo, esquecemos de confiar no Senhor, e essa é a chave do sucesso da vida. A confiança no Senhor! Confiemos no Senhor! "Senhor, vê a minha vida: estou na escuridão, tenho que enfrentar tal dificuldade, cometi tal pecado..."; tudo aquilo o que nós temos: "Olha para isso: eu confio em ti!". Essa é uma aposta que devemos fazer: confiar nele, que nunca desaponta. Nunca, jamais! Ouçam bem, rapazes e moças, que começam a vida agora: Jesus nunca decepciona. Nunca! Esse é o testemunho de João: Jesus, o bom, o manso, que terminará como um cordeiro, morto. Sem gritar. Ele veio para nos salvar, para tirar o pecado. O meu, o seu e o do mundo: de tudo, de tudo!

Homilia, 19 de janeiro de 2014

REZE E AGRADEÇA...

O apóstolo são Paulo já dizia aos tessalonicenses: "Ficai sempre alegres". E como posso ser feliz? É ele mesmo quem responde: "orai sem cessar" (1Ts 5,16-17). Podemos encontrar a alegria cristã na oração, dado que tal júbilo vem da prece, mas também da ação de dar graças a Deus: "Obrigado, Senhor, por toda esta beleza!".

Homilia, 14 de dezembro de 2014

PREPARE EM SEU CORAÇÃO UMA MORADA PARA JESUS

José foi escolhido por Deus para ser o pai adotivo de Jesus e marido de Maria. Como cristãos, também são chamados, à semelhança de José, a preparar uma casa para Jesus. Preparar uma casa para Jesus! Preparem uma casa para ele em seus corações, em suas famílias, em suas paróquias e em suas comunidades.

Discurso, 16 de janeiro de 2015

PENSE EM COISAS BOAS

Dar graças. E como devo me comportar para dar graças? Lembre-se da sua vida, e pense nas inúmeras situações positivas que teve na vida, inúmeras! "Padre, isso é verdade, mas eu passei também por tantas situações negativas!" — "Sim, é verdade, acontece com todo mundo. Mas pense nas coisas boas!" — "Tive uma família cristã, pais cristãos, graças a Deus tenho um trabalho, a minha família não passa fome, todos nós gozamos de boa saúde..." Não sei, há muitas situações pelas quais devemos dar graças ao Senhor. É exatamente isso que nos habitua à alegria. Rezar, dar graças...

Homilia, 14 de dezembro de 2014

O segredo da vida

As Bem-Aventuranças são o caminho, o objetivo para a pátria. São a estrada da vida que o Senhor nos indica, para que possamos seguir seus passos.

Homilia, 1º de novembro de 2016

DEUS CONTINUA A PROCURAR

Como antes, Deus continua a procurar aliados, continua a procurar homens e mulheres capazes de acreditar, capazes de lembrarem, de se sentirem parte de seu povo para cooperar com a criatividade do Espírito. Deus continua a percorrer os nossos bairros e as nossas ruas, vai a todos os lugares em busca de corações capazes de escutar o seu convite e de fazê-lo tornar-se carne aqui e agora. Parafraseando santo Ambrósio, podemos dizer que Deus continua a procurar corações como o de Maria, dispostos a acreditar até em condições absolutamente extraordinárias (cf. Exposição do Evangelho segundo Lucas II, 17: pl 15, 1559).

Homilia, 25 de março de 2017

NÃO SOMOS FEITOS PARA COISINHAS PEQUENAS

Tenhamos confiança na ação de Deus! Com Ele, podemos fazer coisas grandes; Ele nos fará sentir a alegria de sermos seus discípulos, suas testemunhas. Apostem nos grandes ideais, nas coisas grandes. Nós, cristãos, não fomos escolhidos pelo Senhor para coisinhas pequenas, sempre vamos mais além, rumo às coisas grandes. Jovens, dediquem sua vida aos grandes ideais!

Homilia, 28 de abril de 2013

NÃO SENTE O QUANTO SEU CORAÇÃO É INQUIETO?

Ora, a busca da felicidade é comum a todas as pessoas de todas as épocas e de todas as idades. Deus colocou no coração de cada homem e de cada mulher um desejo irreprimível de felicidade, de plenitude. Por acaso, não sentem que o seu coração está inquieto, buscando sem cessar um bem que possa saciar a sua sede de infinito?

Mensagem para a Jornada Mundial da Juventude,
31 de janeiro de 2015

EXPERIMENTARÁ A PAZ

Ao proclamar as Bem-Aventuranças, Jesus nos convida a segui-lo, a percorrer com ele o caminho do amor, o único que conduz à vida eterna. Não é um caminho fácil, mas o Senhor nos assegura sua graça e nunca nos deixa sozinhos. Na nossa vida, há pobreza, aflições, humilhações, luta pela justiça, esforço da transformação cotidiana, a luta para viver a vocação à santidade, perseguições e muitos outros desafios. Mas, se abrirmos as portas para Jesus, se deixarmos que ele faça parte da nossa história, se partilharmos com ele as alegrias e os sofrimentos, experimentaremos uma paz e uma alegria que só Deus, amor infinito, pode dar.

Mensagem para a Jornada Mundial da Juventude,
21 de janeiro de 2014

O CAMINHO DA VERDADEIRA REALIZAÇÃO

É sempre muito útil ler as Bem-Aventuranças e refletir sobre elas! Jesus proclamou-as no seu primeiro grande sermão, feito na margem do lago da Galileia. Havia uma multidão imensa e Ele, para ensinar os seus discípulos, subiu em um monte; por isso é chamado o "sermão da montanha". Na Bíblia, o monte é visto como o lugar onde Deus se revela; pregando sobre o monte, Jesus apresenta-se como mestre divino, como o novo Moisés. E o que ele prega? Jesus prega o caminho da vida; aquele caminho que Ele mesmo percorre, ou melhor, que é Ele mesmo, propondo-o como o caminho da verdadeira felicidade.

Mensagem para a Jornada Mundial da Juventude,
21 de janeiro de 2014

NÃO SE DEIXE CEGAR PELA ARROGÂNCIA

Deus escondeu os mistérios do seu Reino, a afirmação da natureza divina de Jesus e a vitória sobre satanás daqueles que estão cheios de si e pretendem saber tudo. De certo modo, estão cegos pela própria presunção e não deixam espaço para Deus entrar. Pode-se pensar facilmente em alguns dos contemporâneos de Jesus, que ele advertiu várias vezes, mas trata-se de um perigo que perdura até hoje e, por isso, também nos diz repeito. Ele declarou "bem-aventurados" os "pequeninos", que são os humildes, os simples, os pobres, os marginalizados, os que não têm voz, os cansados e oprimidos. Pode-se pensar facilmente em Maria, em José, nos pescadores da Galileia e nos discípulos chamados ao longo da estrada durante a sua pregação.

Mensagem, 8 de junho de 2014

TODO O REINO DE DEUS ESTÁ NAS BEM-AVENTURANÇAS

Em toda a sua vida, desde o nascimento na gruta de Belém até a morte na cruz e a ressurreição, Jesus encarnou as Bem-Aventuranças. Todas as promessas do Reino de Deus se cumpriram nele.

Mensagem para a Jornada Mundial da Juventude,
21 de janeiro de 2014

VOCÊ É ABENÇOADO APENAS QUANDO É CONVERTIDO

Jesus manifesta a vontade de Deus de conduzir os homens à felicidade. Essa mensagem já estava presente na pregação dos profetas: Deus está próximo dos pobres e dos oprimidos e liberta-os de quem os maltrata. Mas nessa pregação, Jesus segue um caminho particular: começa com o termo "bem-aventurados", ou seja, "felizes"; prossegue com a indicação da condição para ser feliz; e conclui fazendo uma promessa. O motivo da bem-aventurança, ou seja, da felicidade, não consiste na condição exigida — por exemplo, "pobres em espírito", "aflitos", "que têm fome e sede de justiça", "perseguidos"... —, mas na promessa que vem em seguida, que deve ser acolhida com fé como dom de Deus. Parte-se da condição de mal-estar para se abrir ao dom de Deus e entrar no mundo novo, o "Reino" anunciado por Jesus. Isso não é um processo automático, mas um caminho de vida que segue os passos do Senhor, motivo pelo qual a realidade de mal-estar e de aflição é considerada em uma perspectiva nova e experimentada a partir da conversão. Não podemos ser bem-aventurados se não nos convertermos, se não formos capazes de apreciar e viver os dons de Deus.

Angelus, 29 de janeiro de 2017

A BUSCA DA FELICIDADE

A palavra "bem-aventurados", ou seja, "felizes" aparece nove vezes na primeira grande pregação de Jesus (cf. Mt 5,1-12). É como um refrão que nos recorda o chamamento do Senhor para percorrer, juntamente com ele, uma estrada que, apesar de todos os desafios, é o caminho da verdadeira felicidade.

Mensagem para a Jornada Mundial da Juventude,
31 de janeiro de 2015

O *MAGNIFICAT* DE MARIA NOS APRESENTA AS BEM-AVENTURANÇAS

O *Magnificat* nos introduz nas Bem-Aventuranças, síntese e lei primordial da mensagem evangélica. Hoje, à sua luz, nos sentimos impelidos a pedir uma graça, uma graça profundamente cristã, de que o futuro da América Latina seja forjado pelos pobres e pelos que sofrem, pelos humildes e por aqueles que têm fome e sede de justiça, pelos misericordiosos e puros de coração, pelos que promovem a paz e por aqueles que são perseguidos por causa do nome de Cristo, "porque deles é o Reino dos Céus" (cf. Mt 5,1-12). Que o futuro seja forjado pela graça daqueles que o sistema idolátrico da cultura do descartável relega hoje à categoria de escravos, de objetos dos quais se podem aproveitar ou simplesmente rejeitar.

Homilia, 12 de dezembro de 2014

QUEM CONFIA NO SENHOR

A primeira Bem-Aventurança declara felizes os pobres em espírito, porque deles é o Reino dos Céus. Em uma época em que muitas pessoas sofrem por causa da crise econômica, pode parecer inadequado combinar pobreza e felicidade. Em que sentido podemos conceber a pobreza como uma bênção?

Em primeiro lugar, procuremos compreender o que significa "pobres em espírito". Quando o Filho de Deus se fez homem, escolheu um caminho de pobreza, de despojamento. Como diz são Paulo na Carta aos Filipenses: "Tende em vós o mesmo sentimento de Cristo Jesus: Ele tinha a condição divina, e não considerou o ser igual a Deus, como algo a que se apegar ciosamente. Mas esvaziou-se a si mesmo, e assumiu a condição de servo, tomando a semelhança humana" (Fl 2,5-7). Jesus é Deus que Se despoja da Sua glória. Vemos aqui a escolha da pobreza feita por Deus: sendo rico, se fez pobre para nos enriquecer com a sua pobreza (cf. 2Cor 8,9). É o mistério que contemplamos no presépio, ao vermos o Filho de Deus em uma manjedoura, e, mais tarde, na cruz, onde o despojamento chega ao seu ápice.

O adjetivo grego *ptochós* ("pobre") não tem um significado apenas material, mas quer dizer "mendigo". Temos que o associar ao conceito hebraico de *anawim* (os "pobres de Iahweh"), que evoca humildade, consciência dos próprios limites, da própria condição existencial de pobreza. Os *anawim* confiam no Senhor, sabem que dependem d'Ele.

Mensagem para a Jornada Mundial da Juventude,
21 de janeiro de 2014

VOCÊ É UMA PESSOA QUE "QUANTO MAIS TEM, MAIS QUER"?

"Bem-aventurados os pobres em espírito, porque deles é o Reino dos Céus" (Mt 5,3). O pobre em espírito é quem assumiu os sentimentos e as atitudes daqueles pobres que nessa condição não se rebelam, mas sabem ser humildes, dóceis, disponíveis à graça de Deus. A felicidade dos pobres — dos pobres em espírito — tem uma dimensão dupla: em relação aos bens e em relação a Deus. No que concerne aos bens, aos bens materiais, essa pobreza em espírito é sobriedade: não necessariamente renúncia, mas capacidade de apreciar o essencial, de partilhar; capacidade de renovar todos os dias a admiração pela bondade das coisas, sem sucumbir à opacidade do consumo voraz. Quanto mais tenho, mais quero; quanto mais tenho, mais quero: esse é o consumo voraz. E isso mata a alma. E o homem ou a mulher que fazem isso, que têm essa atitude do "quanto mais tenho, mais quero", não são felizes e não alcançarão a felicidade. Em relação a Deus, há o louvor e o reconhecimento de que o mundo é bênção e que na sua origem está o amor criador do Pai. Mas é também abrir-se para Ele, para a sua docilidade: Ele é o Senhor, Ele é Grande, eu não sou grande porque tenho muitas coisas! É Ele: Ele quem quis o mundo para todos os homens e o quis para que os homens fossem felizes.

Angelus, 29 de janeiro de 2017

MARIA, POBRE EM ESPÍRITO

Quantos de nós precisamos da conversão, de fazer com que a lógica do ser mais prevaleça sobre a lógica do ter mais. Os santos são quem mais podem nos ajudar a compreender o significado profundo das Bem-Aventuranças...

O *Magnificat*, o cântico de Maria, pobre em espírito, é também o canto de quem vive as Bem-Aventuranças. A alegria do Evangelho brota de um coração pobre, que sabe exultar e se maravilhar com as obras de Deus, como o coração da Virgem, que todas as gerações chamam "bem-aventurada" (cf. Lc 1,48). Que ela, a mãe dos pobres e a estrela da nova evangelização, nos ajude a viver o Evangelho, a encarnar as Bem-Aventuranças na nossa vida, a ter a coragem da felicidade.

Mensagem para a Jornada Mundial da Juventude,
21 de janeiro de 2014

AS ALEGRIAS DOS POBRES FIÉIS

Posso dizer que as alegrias mais belas e espontâneas que vi ao longo da minha vida foram as alegrias de pessoas muito pobres que tinham pouco a que se agarrar. Recordo também a alegria genuína daqueles que, mesmo no meio de compromissos profissionais importantes, souberam conservar um coração fiel, generoso e simples.

Evangelii gaudium, 7

SEJA UM MENDICANTE DE DEUS

Como justamente soube ver santa Teresa do Menino Jesus, Cristo, na sua Encarnação, apresenta-se como um mendigo, um necessitado em busca de amor. O Catecismo da Igreja Católica fala que o homem é um "mendigo de Deus" (§ 2559) e diz-nos que a oração é o encontro da sede de Deus com a nossa (§ 2560).

São Francisco de Assis compreendeu muito bem o segredo da Bem-Aventurança dos pobres em espírito. De fato, quando Jesus falou-lhe na pessoa do leproso e no crucifixo, ele reconheceu a grandeza de Deus e a própria condição de humildade. Na sua oração, o *Poverello* passava horas e horas a perguntar ao Senhor: "Quem és Tu? Quem sou eu?". Despojou-se de uma vida abastada e leviana para desposar a "Senhora Pobreza", a fim de imitar Jesus e seguir à risca o Evangelho. Francisco viveu *a imitação de Cristo pobre e o amor pelos pobres* de modo indivisível, como as duas faces de uma mesma moeda.

Mensagem para a Jornada Mundial da Juventude,
21 de janeiro de 2014

ESCOLHA A RICA POBREZA E A POBRE RIQUEZA

Em que consiste então essa pobreza com a qual Jesus nos liberta e nos torna ricos? É o seu modo de nos amar, a forma de se aproximar de nós à maneira do Bom Samaritano que acudiu o homem abandonado meio morto na beira da estrada (cf. Lc 10,25-37). O que nos dá verdadeira liberdade, verdadeira salvação e verdadeira felicidade é o seu amor de compaixão, de ternura e de partilha. A pobreza de Cristo, que nos enriquece, é Ele fazer-se carne, tomar para si as nossas fraquezas, os nossos pecados, comunicando-nos a misericórdia infinita de Deus. A pobreza de Cristo é a maior riqueza: Jesus é rico de confiança ilimitada em Deus Pai, confiando n'Ele em todo momento, procurando sempre e apenas a sua vontade e a sua glória. É rico como o é uma criança que se sente amada e ama os seus pais, não duvidando em um momento sequer do seu amor e da sua ternura. A riqueza de Jesus é Ele ser o Filho: a sua relação única com o Pai é a prerrogativa soberana desse Messias pobre. Quando Jesus nos convida a colocar sobre nós o seu "jugo suave" (cf. Mt 11,30), convida-nos a enriquecer-nos com essa sua "rica pobreza" e "pobre riqueza", a partilhar com Ele o seu Espírito filial e fraterno, a nos tornar filhos no Filho, irmãos no Irmão Primogênito (cf. Rm 8,29).

Foi dito que a única tristeza verdadeira é não ser santo (L. Bloy); mas podemos dizer também que existe uma única miséria verdadeira: não viver dos filhos de Deus e dos irmãos de Cristo.

Mensagem para a Quaresma, 26 de dezembro de 2013

TEM AS MÃOS E O CORAÇÃO ABERTOS?

O pobre em espírito é o cristão que não confia em si mesmo e nas riquezas materiais, não se obstina nas suas opiniões pessoais, mas escuta com respeito e aceita de bom grado as decisões dos outros. Se nas nossas comunidades existissem mais pobres em espírito, haveria menos segmentações, conflitos e polêmicas! A humildade, como a caridade, é uma virtude essencial para a convivência nas comunidades cristãs. Os pobres, nesse sentido evangélico, parecem-se com aqueles que mantêm viva a finalidade do Reino dos Céus, fazendo entrever que esse Reino pode ser antecipado em seu estágio inicial na comunidade fraterna, que privilegia a partilha à posse. Gostaria de sublinhar isso: privilegia a partilha à posse. Ter sempre o coração e as mãos abertas, não fechadas. Quando o coração está fechado, é um coração apertado: nem sequer sabe como amar. Quando o coração está aberto, vai em direção ao caminho do amor.

Angelus, 29 de janeiro de 2017

A IGREJA É A MORADA DOS AFLITOS

A Igreja, por sua natureza missionária, tem como prerrogativa fundamental o serviço de oferecer caridade a todos. A fraternidade e a solidariedade universais fazem parte da sua essência e da sua missão no mundo e para o mundo. Contudo, a evangelização, que deve alcançar todos, começa com os últimos, os pobres, os que têm os ombros sobrecarregados com o peso e as dificuldades da vida. Fazendo isso, a Igreja prolonga a missão do próprio Cristo, que veio para que tenhamos vida em abundância (cf. Jo 10,10). A Igreja é o povo das bem-aventuranças, a casa dos pobres, dos aflitos, dos excluídos e dos perseguidos, dos que têm fome e sede de justiça.

Discurso, 9 de maio de 2014

CULTIVE EM VOCÊ O DOM DA PIEDADE

O dom da piedade significa ser verdadeiramente capaz de se alegrar com os que estão alegres, de chorar com quem chora, de estar próximo daquele que está sozinho ou angustiado, de corrigir os que erram, de consolar os aflitos, de acolher e socorrer aquele que precisa. Há uma relação muito estreita entre o dom da piedade e brandura. A dádiva da piedade, que recebemos do Espírito Santo, nos torna brandos, tranquilos, pacientes e em paz com Deus, colocando-nos a serviço do próximo com brandura.

Audiência Geral, 4 de junho de 2014

OBSERVE O FUTURO COM OS OLHOS DA FÉ

Contemplemos o futuro com os olhos da fé. A nossa tristeza é uma semente que um dia desabrochará na alegria que o Senhor prometeu àqueles que acreditam nas Suas palavras: "Bem-aventurados os aflitos, porque serão consolados" (Mt 5,5). A *com-paixão* de Deus, quando sofre ao nosso lado, dá um significado e um valor eternos para os nossos esforços. O desejo de agradecer a Ele por todas as graças e bênçãos, mesmo quando tanta coisa foi perdida, não é apenas um triunfo da capacidade de recuperação e da força; mas é também um sinal da bondade de Deus, da sua proximidade, da sua ternura, do seu poder salvífico.

Homilia, 17 de janeiro de 2015

MUDE O MUNDO, REDESCUBRA A HUMILDADE

As Bem-Aventuranças são o perfil de Cristo e, consequentemente, do cristão. Dentre elas, quero destacar uma: "Bem-aventurados os mansos" (Mt 5, 4). Jesus fala de si mesmo: "aprendei de mim, porque sou manso e humilde de coração" (Mt 11,29). Esse é o seu retrato espiritual, que nos revela a riqueza do seu amor. A mansidão é uma maneira de ser e de viver que nos aproxima de Jesus e faz com que fiquemos unidos; faz com que deixemos de lado tudo o que nos divide e nos contraria, a fim de procurar formas novas para avançar no caminho da unidade [...] Os santos obtêm mudanças graças à serenidade do coração. Com ela, compreendemos a grandeza de Deus e acabamos por adorá-Lo com sinceridade; além disso, é a atitude de quem não tem nada a perder, porque a sua única riqueza é Deus.

Homilia, 1º de novembro de 2016

A FRAQUEZA DO CORDEIRO

Jesus é chamado o Cordeiro: é o Cordeiro que tira o pecado do mundo. Poderíamos pensar: mas como, um cordeiro, tão frágil, um cordeirinho fraco, como pode tirar tantos pecados, tantas maldades? Com o Amor. Com a sua mansidão. Jesus nunca deixou de ser cordeiro: manso, bom, cheio de amor, próximo dos pequenos e dos pobres. Ele estava ali, no meio da multidão, curava todos, ensinava e rezava. Jesus era muito frágil, como um cordeiro. No entanto, teve a força para carregar todos os nossos pecados. "Mas, padre, você não conhece a minha vida: eu fiz uma coisa que... não posso carregar nem mesmo com um caminhão...". Muitas vezes, quando analisamos a nossa consciência, encontramos algumas lembranças que são muito pesadas! Mas Jesus carrega esse peso. Ele veio para isto: para perdoar, para instaurar a paz no mundo, mas ela começa primeiro no coração. Talvez cada um de nós tenha um coração atormentado, contendo algo sombrio; talvez esteja um pouco triste por sentir culpa... Ele veio para tirar tudo isso, ele nos dá paz, ele perdoa tudo. "Eis o Cordeiro de Deus, que tira o pecado do mundo" (Jo 1,29): extingue o pecado pela raiz! Essa é a salvação de Jesus, com o seu amor e a sua mansidão.

E ouvindo o que diz João Batista, que dá testemunho de Jesus como Salvador, nossa confiança em Jesus deve aumentar.

Homilia, 19 de janeiro de 2014

A FOFOCA, INIMIGA DA GENTILEZA

A gentileza na comunidade é uma virtude um pouco esquecida. Ser gentil, abrir espaço para o outro. Existem tantos inimigos da gentileza, a começar pela fofoca, não? Fofocar, falar dos outros, criticar os outros. São coisas cotidianas que todos fazem, até eu faço.

São tentações do maligno que não deseja que o Espírito chegue até nós e traga essa paz, essa gentileza até a comunidade cristã. Em uma paróquia, os catequistas brigam com aquele da Caritas... Sempre existe esse tipo de conflito. Na família ou no bairro, inclusive. Assim como entre amigos. Essa não é a vida nova. Quando o Espírito chega e faz nascer uma vida nova, torne-se gentil, caridoso. Não julgue ninguém: o único juiz é o Senhor... Se, com a graça do Espírito, conseguimos parar de fofocar, será um belo avanço, que fará bem a todos. Peçamos ao Senhor que manifeste em nós e no mundo a beleza e a plenitude dessa nova vida, desse nascer do Espírito que vem à comunidade dos fiéis e transforma-nos em seres gentis e caridosos uns com os outros. Respeitosos. Peçamos essa graça para todos nós.

Meditação na capela da Catedral de Santa Marta,
9 de abril de 2013

NÃO SE DEIXE DESLUMBRAR...

A luz de Jesus é uma luz humilde. Não é uma luz que se impõe, é humilde. É uma luz gentil, com a força da gentileza; é uma

47

luz que fala ao coração e também uma luz que oferece a cruz. Se nós, em nossa luz interior, somos homens gentis, sentimos a voz de Jesus no coração e observamos a cruz sem medo na luz de Jesus... Devemos sempre distinguir: onde Jesus está, há sempre humildade, gentileza, amor e sofrimento. Jamais encontraremos, de fato, Jesus sem humildade, sem gentileza, sem amor e sem sofrimento. Ele foi o primeiro a fazer esse caminho de luz. Devemos seguir seus passos sem medo, porque Jesus possui a força e a autoridade para nos dar essa luz.

Meditação na capela da Catedral de Santa Marta,
3 de setembro de 2013

... IMITE A LUZ TRANQUILA DE JESUS...

A luz de Jesus não é uma luz de ignorância! É uma luz de sabedoria, de conhecimento. A luz que o mundo nos oferece é uma luz artificial. Talvez seja forte, até mais forte que a de Jesus, não? Forte como um fogo de artifício, como um flash de fotografia. A luz de Jesus, ao contrário, é uma luz humilde, uma luz suave, uma luz de paz. É como a luz da noite de Natal: sem pretensões. É assim: quando ofertada, traz a paz. Não faz espetáculo; vem do coração.

Meditação na capela da Catedral de Santa Marta,
3 de setembro de 2013

...CONTEMPLE O SEU SOFRIMENTO

Apenas contemplando a humanidade sofredora de Jesus podemos nos tornar gentis, humildes e ternos como ele. Não há outro caminho. Devemos fazer o esforço de procurar Jesus; de pensar em sua paixão, o quanto ele sofreu; de pensar em seu silêncio doce. Esse será o nosso esforço; o resto deixe nas mãos dele, pois fará o que falta ser feito. Mas você deve fazer isto: esconder sua vida em Deus com Cristo.

Para testemunhar? Contemple Jesus.

Para perdoar? Contemple Jesus sofredor.

Para não odiar o próximo? Contemple Jesus sofredor.

Para não fofocar sobre o próximo? Contemple Jesus sofredor.

Não há outro caminho.

Meditação na capela da Catedral de Santa Marta,
12 de setembro de 2013

VOCÊ É UM CORDEIRO, NÃO SE COMPORTE COMO UM LOBO

Jesus nos disse: "Eis que eu vos envio como ovelhas entre lobos. Por isso, sede prudentes como as serpentes e sem malícia como as pombas" (Mt 10,16). Contudo, se nos deixarmos levar pelo espírito da vaidade e pensarmos em combater os lobos fazendo-nos de lobos, "eles nos comerão vivos". Porque se você se esquecer de ser uma ovelhinha, nenhum pastor poderá defendê-lo e, assim, cairá nas mãos dos lobos. Vocês podem indagar: "Padre, mas qual a arma que podemos usar para nos defendermos dessa sedução, desses fogos de artifício criados pelo príncipe deste mundo?". A arma é igual à de Jesus: a palavra de Deus, além da humildade e da gentileza. Pensemos em Jesus quando nos ofendem: quanta humildade, quanta gentileza. Ele poderia ter provocado de volta, mas, em vez disso, fez apenas uma pergunta humilde e gentil. Pensemos na paixão de Jesus. Como disse o profeta: "Foi maltratado, mas livremente humilhou-se e não abriu a boca, como um cordeiro conduzido ao matadouro; como uma ovelha que permanece muda na presença dos seus tosquiadores ele não abriu a boca" (Is 53,7). Humildade e gentileza: essas são as armas que o príncipe do mundo, o espírito do mundo não tolera, porque suas propostas são de poder mundano, propostas de vaidade, propostas de riquezas. Ele não tolera a humildade e a gentileza.

Meditação na capela da Catedral de Santa Marta,
4 de maio de 2013

VOLTE MAIS UMA VEZ, VOLTE E VOLTE E VOLTE

Envergonha-se de dizer a verdade: fiz isso, pensei aquilo. Mas a vergonha é uma virtude verdadeiramente cristã e humana. A capacidade de se envergonhar, uma pessoa que não se envergonha é chamada de *sem-vergonha*. Esse é "um sem-vergonha", porque não tem a capacidade de se envergonhar. E envergonhar-se é uma virtude do humilde.

Humildade e gentileza condizem com uma vida cristã. Um cristão caminha sempre assim, na humildade e na gentileza. E Jesus nos aguarda para nos perdoar. Podemos perguntar a ele: ir se confessar, então, não é ir a uma sessão de tortura? Não! É ir louvar Deus, porque os pecadores são por Ele salvos. E Ele me aguarda para me punir? Não, ele espera com ternura para me perdoar. E se amanhã eu repetir os mesmos erros? Volte mais uma vez, volte e volte e volte. Ele está sempre nos esperando. Essa ternura do Senhor, essa humildade, essa gentileza.

Meditação na capela da Catedral de Santa Marta,
29 de abril de 2013

PENSARÃO QUE VOCÊ É UM TOLO

Jesus disse: nada de guerra, nada de ódio! Paz, gentileza! Alguém poderia argumentar: "Se eu for assim, pensarão que sou um tolo". Talvez isso aconteça, contudo deixemos que os outros pensem assim:

você é gentil, e por causa dessa gentileza receberá a terra como herança!

Meditação na capela da Catedral de Santa Marta,
9 de junho de 2014

NÃO CONFUNDA O NADA COM O TUDO

O cristão é gentil, o cristão é magnânimo. Expanda o seu coração. Quando encontramos cristãos com o coração pequeno, significa que vivem um egoísmo disfarçado de cristianismo.

Jesus nos aconselhou: "Buscai, em primeiro lugar, o Reino de Deus e a sua justiça, e todas essas coisas vos serão acrescentadas" (Mt 6,33). O reino de Deus é tudo; o resto é secundário, não é o principal.

Todos os erros da Igreja, todos os nossos erros nascem disto: de quando dizemos ao nada que ele é tudo; e ao tudo, que ele não importa.

Meditação na capela da Catedral de Santa Marta,
17 de junho de 2013

LUTE PELA JUSTIÇA E CONTRA AS INJUSTIÇAS

"Bem-aventurados os que têm fome e sede de justiça" (Mt 5,6) é uma afirmação voltada para os que lutam pela justiça, para que haja justiça no mundo. E Jesus disse que bem-aventurados são os que lutam contra as injustiças. Podemos perceber que é uma doutrina que vai na contramão do que o mundo nos diz.

Meditação na capela da Catedral de Santa Marta,
9 de junho de 2014

TENHA FOME DE JUSTIÇA E FOME DE DIGNIDADE

É necessário dar o pão a quem tem fome; é um ato de justiça. Mas existe também uma fome mais profunda, a fome de uma felicidade que só Deus pode saciar: a fome de dignidade. Não existe verdadeira promoção do bem comum, nem verdadeiro desenvolvimento do homem, os pilares fundamentais que sustentam uma nação, os seus bens imateriais, são ignorados: a vida, que é dom de Deus, um valor que deve ser sempre tutelado e promovido; a família, fundamento da convivência e cura contra a desagregação social; a educação integral, que não se reduz a uma simples transmissão de informações com o fim de gerar lucro; a saúde, que deve buscar o bem-estar integral da pessoa, incluindo a dimensão espiritual, que é essencial para o equilíbrio humano e para uma convivência saudável; a *segurança*, na convicção de que a violência só pode ser vencida a partir da mudança do coração humano.

Discurso, 25 de julho de 2013

SEJA MISERICORDIOSO, PORQUE VOCÊ TAMBÉM É PERDOADO

Bem-aventurados os misericordiosos, porque encontrarão misericórdia. Trata-se dos que perdoam, dos que compreendem os erros dos outros. Jesus não disse: bem-aventurados os que recorrem à vingança, os que se vingam, que dizem olho por olho, dente por dente, mas chama de bem-aventurados os que perdoam, os misericordiosos. E todos nós somos um exército de perdoados! Todos nós fomos perdoados! E por isso é bem-aventurado aquele que segue por esse caminho do perdão.

Meditação na capela da Catedral de Santa Marta,
9 de junho de 2014

DEUS É ALEGRE, PORQUE ELE É MISERICORDIOSO!

O capítulo 15 do Evangelho de Lucas contém as três parábolas da misericórdia: a da ovelha sumida, a da moeda perdida e, depois, a maior de todas as parábolas, típica de são Lucas, a do pai e dos dois filhos, o filho "pródigo" e o filho que se julga "justo", que se crê santo. Estas três parábolas falam da alegria de Deus. Deus é alegre! Isto é interessante, que Deus é alegre! E em que consiste a alegria de Deus? A alegria de Deus é perdoar, a alegria de Deus é perdoar! É o júbilo de um pastor que encontra a sua ovelha; a alegria de uma mulher que encontra a sua moeda; é a felicidade de um pai que volta a receber em casa o filho que se tinha perdido, que estava morto e reviveu, voltou para casa. Aqui está o Evangelho inteiro! Aqui está! Aqui está o Evangelho inteiro, todo o Cristianismo! Mas veja que não se trata de sentimento, não é "moralismo"! Pelo contrário, a misericórdia é a verdadeira força que pode salvar o homem e o mundo do "câncer" que é o pecado, o mal moral, o mal espiritual. Só o amor preenche os vazios, os abismos negativos que o mal abre no coração e na história. Somente o amor pode fazer isso, e essa é a alegria de Deus!

Angelus, 15 de setembro de 2013

UM CORAÇÃO PURO É UM CORAÇÃO QUE SABE AMAR

"Bem-aventurados os puros de coração" (Mt 5,8) é uma frase de Jesus que se refere aos que possuem um coração simples, puro, sem imundícies: um coração que sabe amar com aquela pureza tão bela.

Meditação na capela da Catedral de Santa Marta,
9 de junho de 2014

O "CORAÇÃO" É A SUA CAPACIDADE DE AMAR

Antes de mais nada, devemos compreender o significado bíblico da palavra *"coração"*. Na cultura hebraica, o coração é o centro dos sentimentos, pensamentos e intenções da pessoa humana. Se a Bíblia nos ensina que Deus olha não para as aparências, mas para o coração (cf. 1Sm 16,7), podemos igualmente afirmar que é a partir do nosso coração que podemos ver a Deus. Assim é, porque o coração condensa o ser humano na sua totalidade e unidade de corpo e alma, na sua capacidade de amar e ser amado.

Mensagem para a Jornada Mundial da Juventude,
31 de janeiro de 2015

NÃO PERCA A LIMPIDEZ DA EXISTÊNCIA

Passando agora à definição de "puro", a palavra grega usada pelo evangelista Mateus é *katharos* e significa, fundamentalmente, "limpo, claro, livre de substâncias contaminadoras" [...]

Jesus diz categoricamente: "Nada há no exterior do homem que, penetrando nele, o possa tornar impuro; mas o que sai do homem, isso é o que o torna impuro [...] Com efeito, é de dentro do coração dos homens que saem as intenções malignas: prostituições, roubos, assassínios, adultérios, ambições desmedidas, maldade, malícia, devassidão, inveja, difamação, arrogância, insensatez" (Mc 7,15.21-22).

Sendo assim, em que consiste a felicidade que surge de um coração puro? Partindo da lista de males enumerados por Jesus, que tornam o homem impuro, vemos que a questão tem a ver sobretudo com o campo das nossas *relações*.

Mensagem para a Jornada Mundial da Juventude,
31 de janeiro de 2015

DESENVOLVA UMA ECOLOGIA HUMANA

Cada um de nós deve aprender a distinguir aquilo que pode "contaminar" o seu coração, formando assim uma consciência íntegra e sensível, capaz de "discernir qual é a vontade de Deus, o que é bom, agradável e perfeito" (Rm 12,2). Se é necessária uma atenção especial para proteger a criação, a pureza do ar, a água e os alimentos, devemos nos empenhar em proteger a pureza daquilo que temos de mais precioso: *o nosso coração e as nossas relações*. Essa "ecologia humana" ajuda-nos a respirar o ar puro que provém das coisas belas, do amor verdadeiro, da santidade.

Mensagem para a Jornada Mundial da Juventude,
31 de janeiro de 2015

A PAZ NÃO POSSUI EQUÍVOCO, NEM SUBTERFÚGIO

"Bem-aventurados os que promovem a paz" (Mt 5,9). Tornamo-nos propagadores de guerras ou, pelo menos, propagadores de equívocos, quando ouvimos coisas e contamos essas histórias para alguém; ou então, quando aumentamos um pouco esses relatos e transmitimos para outras pessoas. É o mundo da fofoca, das pessoas que fofocam, que não criam a paz. Claramente não é bem-aventurado.

Meditação na capela da Catedral de Santa Marta,
9 de junho de 2014

NÃO HÁ FUTURO SEM PAZ

A paz não é apenas ausência de guerra, mas uma condição geral na qual a pessoa humana está em harmonia consigo mesma, em sintonia com a natureza e com os outros. Isso é a paz. No entanto, fazer calar as armas e extinguir os focos de guerra são condição essencial para começar um caminho que leve aos mais diferentes aspectos da paz. Penso nos conflitos que ainda enchem de sangue várias regiões do planeta, nas tensões no seio das famílias e das comunidades — em quantas famílias, em quantas comunidades, até paroquiais, existe a guerra! Penso também nas grandes desigualdades nas nossas cidades e nos nossos povoados, entre grupos de diversas origens culturais, étnicas e religiosas! Ainda que pareça impossível, devemos acreditar que sempre podemos chegar a um entendimento, independentemente da situação. Não há futuro sem propostas e projetos de paz! Sem paz não há futuro!

Angelus, 4 de janeiro de 2015

LUTE PELA JUSTIÇA, APESAR DAS PERSEGUIÇÕES!

"Bem-aventurados os que são perseguidos por causa da justiça" (Mt 5,10): quantas pessoas perseguidas, e foram perseguidas simplesmente por terem lutado a favor da justiça!

Meditação na capela da Catedral de Santa Marta,
9 de junho de 2014

ESTAMOS SALVOS, POR ISSO SOMOS PERSEGUIDOS!

Deus nos redimiu. Escolheu-nos por graça pura. Com Sua morte e ressurreição, nos resgatou dos poderes do mundo, dos poderes do diabo, dos poderes do príncipe deste mundo. Essa é a origem do ódio: fomos salvos e o príncipe do mundo, que não nos quer salvos, odeia-nos e, por isso, faz nascer a perseguição que dura desde a época de Jesus e continua até hoje. Muitas comunidades cristãs são perseguidas no mundo. Nos dias de hoje mais do que antigamente!

Hoje, neste momento, neste minuto. Por quê? Porque o espírito do mundo odeia.

Meditação na capela da Catedral de Santa Marta,
4 de maio de 2013

FAZER ESCOLHAS DEFINITIVAS E RADICAIS

Confiar na integridade do Senhor é uma escolha que podemos fazer em nossa vida cristã... uma grande escolha, difícil. Percebemos isso quando conhecemos a vida dos mártires, quando lemos hoje nos jornais sobre as perseguições aos cristãos. Pensemos nos irmãos e irmãs que se encontram nesse tipo de situação extrema e que fazem essa escolha. Eles vivem na mesma época que nós e, por isso, são um exemplo. Encorajo vocês a entregarem ao tesouro da Igreja tudo aquilo que possuem para viver.

Meditação na capela da Catedral de Santa Marta,
25 de novembro de 2013

FAÇA A REVOLUÇÃO DA FELICIDADE
CONTRA O PENSAMENTO DOMINANTE

As Bem-Aventuranças de Jesus trazem uma novidade revolucionária, um modelo de felicidade oposto àquele que habitualmente é transmitido pela mídia, pelo pensamento dominante. Para a mentalidade do mundo, é um escândalo que Deus tenha vindo para Se fazer um de nós, que tenha morrido na cruz. Segundo a lógica desse mundo, aqueles que Jesus proclama felizes são considerados "perdedores", fracos; enquanto se exalta o sucesso a todo o custo, a riqueza, a arrogância do poder, a realização própria em detrimento da dos outros.

Mensagem para a Jornada Mundial da Juventude,
21 de janeiro de 2014

A CARTEIRA DE IDENTIDADE CRISTÃ

As Bem-Aventuranças são, de algum modo, a *carteira de identidade* do cristão, que o identifica como seguidor de Jesus. Somos chamados a ser bem-aventurados, seguidores de Jesus, enfrentando os sofrimentos e angústias do nosso tempo com o espírito e o amor de Jesus. Nesse sentido, podemos atualizar esses ensinamentos, com o intuito de vivê-los com espírito renovado no presente: felizes os que suportam com fé os males que lhes são infligidos e perdoam de coração; felizes os que olham nos olhos os rejeitados e marginalizados, aproximando-se deles; felizes os que reconhecem Deus em cada pessoa e lutam para que outros O descubram; felizes os que protegem e cuidam da casa comum; felizes os que renunciam ao seu próprio bem-estar em benefício dos outros; felizes os que rezam e trabalham pela plena comunhão dos cristãos... Todos eles são portadores da misericórdia e ternura de Deus, e d'Ele receberão, sem dúvida, a merecida recompensa.

Homilia, 1º de novembro de 2016

Pessoas livres e libertas

Cuidem da vida espiritual, que é a fonte da liberdade interior. Sem oração não existe liberdade interior.

Discurso, 6 de junho de 2013

LIVRES DO PODER DAS COISAS

Antes de mais nada, procurem ser *livres em relação às coisas*. O Senhor chama-nos a um estilo de vida evangélico caracterizado pela sobriedade, chama-nos a não ceder à cultura do consumo. Trata-se de buscar a essencialidade, aprender a despojarmo-nos das coisas supérfluas e inúteis que nos sufocam. Desprendamo-nos da ambição de possuir, do dinheiro idolatrado e depois esbanjado.

Coloquemos Jesus em primeiro lugar. Ele pode nos libertar das idolatrias que nos tornam escravos. Confiem em Deus! Ele nos conhece, nos ama e nunca se esquece de nós. Como provê aos lírios do campo (cf. Mt 6,28), também não deixará que nos falte nada!

Inclusive para superar a crise econômica é preciso estarmos prontos para mudar de estilo de vida, para evitar tantos desperdícios. Como é necessária a coragem da felicidade, também precisamos da coragem da sobriedade.

Mensagem para a Jornada Mundial da Juventude,
21 de janeiro de 2014

VÁ ALÉM DO CÁLCULO DA EFICIÊNCIA HUMANA

Por fim, é importante aprender do Evangelho a forma como se prega o anúncio. Na verdade, não raro acontece, mesmo com a melhor das intenções, que as pessoas deixem-se levar por uma certa ânsia de poder, pelo proselitismo ou o fanatismo intolerante. O Evangelho convida-nos a fazer o oposto: a rejeitar a idolatria do sucesso e do poder, a preocupação excessiva pelas estruturas e a inquietação motivada mais por um espírito de conquista que de serviço. A semente do reino, embora pequena, invisível e às vezes insignificante, cresce silenciosamente graças à ação incessante de Deus: "O Reino de Deus é como um homem que lançou a semente na terra: ele dorme e acorda, de noite e de dia, mas a semente germina e cresce, sem que ele saiba como" (Mc 4,26-27). Eis a nossa confiança primordial: Deus supera as nossas expectativas e nos surpreende com a sua generosidade, fazendo germinar os frutos do nosso trabalho, para além dos cálculos da eficiência humana.

Mensagem para o Dia Mundial de Oração pelas Vocações,
27 de novembro de 2016

NÃO SE SENTE MAIS À MESA DA ESCRAVIDÃO

Existe na nossa trajetória uma tendência de resistir à libertação; temos medo da liberdade e, paradoxalmente, preferimos a escravidão de maneira mais ou menos inconsciente. A liberdade assusta-nos porque somos confrontados com nosso tempo aqui e com a responsabilidade de vivê-lo bem. Já a escravidão reduz esse tempo em "instantes" e, assim, sentimo-nos mais seguros, pois passamos a viver esses momentos desligados do nosso passado e do nosso futuro. Em outras palavras, a escravidão impede que vivamos de forma plena e no presente, uma vez que esse presente é vazio de passado e não está aberto para o futuro, para a eternidade. A escravidão convence-nos de que não podemos sonhar, voar, esperar.

Há alguns dias, um grande artista italiano disse que para o Senhor foi mais fácil tirar os israelitas do Egito do que tirar o Egito do coração dos israelitas. Sim, eles foram libertados "materialmente" da escravidão, mas durante a marcha no deserto, diante das várias dificuldades e da fome, começaram a sentir saudade do Egito e recordavam quando comiam "cebolas e alho" (cf. Nm 11,5); contudo, esqueciam-se de que sentavam à mesa da escravidão. A nostalgia da escravidão abriga-se no nosso coração, porque é aparentemente mais segura do que a liberdade, que é muito arriscada. Como gostamos de ficar engaiolados por tantos fogos de artifício, bonitos na aparência, mas que, na realidade, só duram poucos instantes! Esse é o reino, esse é o fascínio do momento!

Homilia, 31 de dezembro de 2014

SEJA HUMANO, UMA VEZ QUE É MAIS QUE HUMANO

Chegamos a ser plenamente humanos quando somos mais que humanos, quando permitimos que Deus nos conduza para além de nós mesmos, a fim de alcançarmos o nosso ser mais verdadeiro. Eis a fonte da ação evangelizadora. Porque se alguém acolheu esse amor que lhe devolveu o sentido da vida, como é possível conter o desejo de comunicá-lo aos outros?

Evangelii gaudium, 8

FIQUE LIVRE PARA SE DOAR

É sempre o Senhor quem oferece a verdadeira liberdade. Antes de tudo, a liberdade do pecado, do egoísmo em todas as suas formas; a liberdade de se entregar e de fazê-lo com alegria, como a Virgem de

Nazaré, que é livre de si mesma e não se fecha na sua condição — e teria motivo para tal! —, mas pensa em quem naquele momento está em maior necessidade. É livre na liberdade de Deus, que se realiza no amor. Essa é a liberdade que Deus nos concedeu, e nós não podemos perdê-la: a liberdade de adorar a Deus, de servir a Deus, mas de servi-Lo também nos nossos irmãos.

Homilia, 5 de julho de 2014

NÃO SEJA SERVO DE SEUS OBJETIVOS PESSOAIS

Mas o que significa ter liberdade interior para um eclesiástico?

Antes de tudo, significa ser livre de projetos pessoais, de algumas das modalidades concretas mediante as quais talvez um dia tenha pensado viver o vosso sacerdócio, da possibilidade de planejar o futuro; da perspectiva de permanecer prolongadamente num "seu" lugar de atividade pastoral. De certo modo, também significa tornar-se livre em relação a sua cultura e mentalidade de origem, não para esquecê-la, e muito menos para renegá-la, mas para que você se abra, na caridade, à compreensão de culturas diferentes e ao encontro com homens de mundos distantes do seu. Significa, principalmente, zelar para ser livre de ambições ou metas pessoais, que fazem muito mal à Igreja, tendo o cuidado de pôr sempre em primeiro lugar não a sua realização, ou o reconhecimento que poderia receber dentro e fora da comunidade eclesiástica, mas o bem superior da causa do Evangelho e o cumprimento da missão que foi confiada a vocês. Para mim é importante o fato de sermos livres de ambições ou metas pessoais! O carreirismo é uma lepra, uma lepra! Por favor: nada de carreirismo!

Discurso, 6 de junho de 2013

DEUS QUER MULHERES E HOMENS SEM AMARRAS

Deus demonstra que é o Pai bom. E como faz isso? Como o faz? Através da encarnação do seu Filho, que se torna como um de nós. Através desse homem concreto chamado Jesus podemos compreender a verdadeira intenção de Deus. Ele quer pessoas humanas livres, que se sintam sempre protegidas como filhas de um bom Pai.

Para realizar esse desígnio, Deus só precisou de uma pessoa humana. Precisou de uma mulher, de uma mãe, que desse à luz o Filho. Ela era a Virgem Maria. Maria era totalmente livre. Na sua liberdade, ela disse "sim". E realizou o bem para sempre. Foi assim que serviu a Deus e os homens. Imitemos o seu exemplo, se quisermos saber o que Deus espera de nós, que somos os seus filhos.

Encontro, 5 agosto 2014

REFLITA SEMPRE SOBRE O QUE FAZ

Gostaria de refletir sobre dois valores fundamentais: a liberdade e o serviço. Em primeiro lugar, sejam pessoas livres! O que quero dizer com isso? Talvez pensemos que a liberdade consista em fazermos tudo o que queremos, ou então, em vivermos experiências extraordinárias, para sentir alguma excitação e vencer o tédio. Isso não é liberdade. Liberdade significa saber ponderar sobre o que fazemos, saber avaliar o que é bem e o que é mal, quais são os comportamentos que nos fazem crescer; ou seja, escolher sempre o bem. Somos livres para o bem. Por isso, não tenham medo de ir contra a corrente, embora não seja fácil! Ser livre para escolher o bem é uma tarefa difícil, mas tornará vocês pessoas fortes, que sabem enfrentar a vida, pessoas com coragem e paciência (*parresia* e *ypomoné*).

Discurso, 7 de junho de 2013

A INQUIETUDE É UMA BOA SEMENTE

Quando vejo um jovem ou uma jovem dominados pela inquietação, sinto que é meu dever servir esses jovens, prestar um serviço para tal inquietação, porque ela é como uma semente, que depois crescerá e dará frutos. E nesse momento, sinto que presto um serviço que é muito precioso, que é voltar-se para a sua inquietação.

Encontro com jovens da Bélgica, 31 de março de 2014

ACOLHA OS MANDAMENTOS COMO UM CAMINHO PARA SUA REALIZAÇÃO PLENA

Os Dez Mandamentos indicam um caminho de liberdade, que encontra a sua plenitude na lei do Espírito inscrita não em tábuas de pedra, mas no coração (cf. 2Cor 3,3): é aqui que estão inscritos os Dez Mandamentos! É fundamental recordar quando Deus oferece os Dez Mandamentos ao povo de Israel, através de Moisés. No mar Vermelho, o povo tinha experimentado a grande libertação; havia sentido diretamente o poder e a fidelidade de Deus, do Deus que liberta. Agora o próprio Deus, no monte Sinai, indica ao seu povo e a todos nós o percurso para permanecermos livres, um percurso que está gravado no coração do homem, como uma lei moral universal (cf. Ex 20,1-17; Dt 5,1-22). Não devemos ver os Dez Mandamentos como um limite à nossa liberdade, não, não é assim, pois devemos considerá-los como indicações para a liberdade. Não são restrições, mas indicações para a liberdade! Eles nos ensinam a evitar a escravidão a que somos reduzidos pelos numerosos ídolos que nós mesmos construímos — como vimos muitas vezes na história e ainda hoje percebemos. Eles nos ensinam a abrir-nos para uma dimensão mais ampla do que a material, para viver o respeito pelas pessoas, vencendo a avidez de poder, de posse e de dinheiro, a sermos honestos e sinceros nas nossas relações, a preservar a criação inteira e a alimentar o nosso planeta com ideais elevados, nobres, espirituais. Seguir os Dez Mandamentos significa que devemos ser fiéis a nós mesmos, à nossa natureza mais autêntica e caminhar rumo à liberdade genuína que Cristo ensinou através das Bem-Aventuranças (cf. Mt 5,3-12.17; Lc 6,20-23).

Videomensagem, 8 de junho de 2013

ENTRE NA VIDA DA TRINDADE

"Sim, ó Pai, porque assim foi do Teu agrado" (Lc 10,21). Essa frase de Jesus deve ser entendida como uma referência ao seu júbilo interior, em que "o Teu agrado" significa o plano salvífico e benevolente do Pai para com os homens. No contexto dessa bondade divina, Jesus rejubilou-se, porque o Pai decidiu amar os homens com o mesmo amor que tem pelo Filho. Além disso, Lucas faz-nos pensar em outro júbilo da mesma natureza: o de Maria. "Minha alma engrandece o Senhor, e meu espírito exulta em Deus em meu Salvador" (Lc 1,46-47). Estamos diante da Boa-Nova que conduz à salvação. Levando em seu ventre Jesus, o Evangelizador por excelência, Maria encontrou Isabel e exultou de alegria no Espírito Santo, cantando o *Magnificat*. Jesus, ao ver o bom êxito da missão dos seus discípulos e, consequentemente, a sua alegria, exultou no Espírito Santo e dirigiu-Se a Seu Pai em oração. Em ambos os casos, trata-se de uma alegria pela salvação na prática, porque o amor com que o Pai ama o Filho chega até nós e, por obra do Espírito Santo, envolve-nos e faz-nos entrar na vida trinitária.

Mensagem, 8 de junho de 2014

É DEUS QUEM NOS LIBERTA

O Deus Vivo faz com que sejamos livres! Digamos sim ao amor e não ao egoísmo, digamos sim à vida e não à morte, digamos sim à liberdade e não à escravidão dos inúmeros ídolos do nosso tempo; em uma palavra, digamos sim a Deus, que é amor, vida e liberdade, e jamais desilude (cf. 1Jo 4,8; Jo 8,32), digamos sim a Deus que é o Vivente e o Misericordioso. Apenas a fé no Deus Vivo nos salva; no Deus que, em Jesus Cristo, nos concedeu a Sua vida com o dom do Espírito Santo e nos faz viver como verdadeiros filhos de Deus com a Sua misericórdia. Essa é a fé que nos torna livres e felizes.

Homilia, 16 de junho de 2013

QUEM SEGUE OS MANDAMENTOS DIZ SIM AO AMOR

A verdadeira liberdade não consiste em seguir o nosso egoísmo, as nossas paixões cegas, mas em amar, em escolher aquilo que é bom em cada situação. Os Dez Mandamentos não são um hino ao "não", mas ao "sim". Um "sim" a Deus, um "sim" ao Amor, e quando eu digo "sim" ao Amor, digo "não" ao desamor; mas o "não" é uma consequência daquele "sim" que provém de Deus e que nos faz amar.

Voltemos a descobrir e a viver as Dez Palavras de Deus! Digamos "sim" a esses "dez caminhos de amor" aperfeiçoados por Cristo, para defender o homem e para orientá-lo rumo à verdadeira liberdade!

Videomensagem, 8 de junho de 2013

LEIA OS SINAIS DE DEUS EM SUA VIDA

Amem cada vez mais Jesus Cristo! A nossa vida é uma resposta ao seu chamamento, e serão felizes e construirão bem as suas vidas, se souberem responder a esse chamamento. Sintam a presença do Senhor nas suas vidas. Ele está perto de cada um de vocês, como companheiro, como amigo, como alguém que sabe ajudá-los e compreendê-los, que os encoraja nos momentos difíceis e nunca os abandona. Na oração, no diálogo com Ele, na leitura da Bíblia, descobrirão que Ele está muito perto. E aprendam também a interpretar os sinais de Deus nas suas vidas! Ele também fala conosco através dos acontecimentos da nossa época e da nossa existência cotidiana; cabe a nós ouvi-Lo.

Discurso, 7 de junho de 2013

PARTE II
VOCÊ E OS OUTROS,
FELICIDADE NOS RELACIONAMENTOS

Seja luz contagiante

Receber e transmitir a consolação de Deus:
essa missão é urgente.
Homilia, 1º de outubro de 2016

O SEGREDO PARA UMA EXISTÊNCIA BEM-SUCEDIDA

O segredo de uma vida bem-sucedida é amar e dedicar-se por amor. Daí que se encontra a força de "sacrificar-se com alegria" e a missão mais difícil torna-se fonte de uma alegria maior. Com isso, não se tem mais tanto medo das escolhas que podem definir a vida, pois estas surgem na sua verdadeira luz, como uma forma de realizar plenamente a própria liberdade.

Discurso, 21 de setembro de 2014

SERVIR AO OUTRO NOS LIBERTA DA TRISTEZA "QUE NOS PÕE PARA BAIXO"

Essa é a liberdade que, com a graça de Deus, experimentamos na comunidade cristã, quando nos pomos a serviço uns dos outros. Sem ficar com inveja, sem tomar partido, sem fazer fofoca... Servir uns aos outros, servir! É assim que o Senhor liberta-nos das ambições e das rivalidades que minam a unidade da comunhão. Liberta-nos da desconfiança e da tristeza — esta tristeza é perigosa, porque nos desanima; é perigosa, fiquem atentos! Liberta-nos do medo, do vazio interior, do isolamento, das queixas e das lamúrias. Nas nossas comunidades também existem atitudes negativas, que tornam as pessoas autocentradas, mais preocupadas em defender-se do que em doar-se. Mas Cristo liberta-nos dessa apatia existencial, como proclamado nesse salmo: "Tu és meu auxílio e salvação" (Sl 40,18). Por isso nós, discípulos do Senhor, embora sejamos sempre frágeis e pecadores — todos! —, somos, contudo, chamados a viver com alegria e coragem a nossa fé, a comunhão com Deus e com os irmãos, a adoração a Deus e a enfrentar com força as dificuldades e provações da vida.

Homilia, 5 de julho de 2014

TRANSMITA A PAZ, CARREGUE O ÓLEO DE JESUS

Nós estamos ungidos: "cristãos" significa "ungidos". E por que motivo somos ungidos? Para realizar alguma coisa? "[Ele] enviou-me a anunciar a Boa-Nova aos pobres, a curar os quebrantados de coração e proclamar a liberdade aos cativos, a libertação aos que estão presos, a proclamar um ano aceitável" a Deus (Is 61,1-2). Essa é a vocação de Cristo, e também a vocação dos cristãos. Ir ao encontro do próximo, dos que vivem em necessidade, tanto material como espiritual... Há muitas pessoas que sofrem angustiadas, devido a problemas familiares... Ali é preciso levar a paz, a unção de Jesus, aquele óleo de Jesus que faz muito bem e consola as almas.

Homilia, 14 de dezembro de 2014

O QUE ESPERAR DA VIDA?

Nenhum de nós sabe o que a vida guarda para nós. E vocês, jovens, perguntam: "O que esperar da vida?". Podemos fazer coisas ruins, muito ruins, mas, por favor, não se desesperem, pois o Pai sempre nos espera! Voltar, voltar... Voltar para casa, porque o Pai está esperando. Se eu pequei muito, Ele dará uma grande festa. E, sacerdotes, por favor, abracem os pecadores e sejam misericordiosos. É bom ouvir isso! Isso me deixa muito feliz, porque Deus nunca se cansa de perdoar; nunca se cansa de esperar por nós.

Discurso, 15 de agosto de 2014

PELA PROPAGAÇÃO DA ALEGRIA: ASSIM SE ANUNCIA O EVANGELHO

Jesus, quando enviou os doze apóstolos em missão, disse-lhes: "Não leveis ouro, nem prata, nem cobre nos vossos cintos, nem alforje para o caminho, nem duas túnicas, nem sandálias, nem cajado, pois o operário é digno do seu sustento" (Mt 10,9-10). A pobreza evangélica é condição fundamental para que o reino de Deus se estenda. As alegrias mais belas e espontâneas que vi ao longo da minha vida eram de pessoas pobres que tinham pouco a que se agarrar. A evangelização, no nosso tempo, só será possível pela propagação da alegria.

Mensagem para a Jornada Mundial da Juventude,
21 de janeiro de 2014

APRENDA E ENSINE O DISCERNIMENTO

Quando somos crianças, nosso pai e nossa mãe dizem o que devemos fazer, e isso é fácil — atualmente não acredito que seja assim tão fácil; quando eu era criança, sim, mas hoje em dia nem tanto. À medida que crescemos, é crucial saber discernir quais dos milhares de vozes, que parecem sensatas, devemos ouvir para sermos conduzidos à ressurreição, à vida e não a uma cultura de morte. Por isso, reforço a necessidade de tal instrumento catequizador, que também serve para a vida. Na catequese, na condução espiritual, nos sermões, devemos ensinar ao nosso povo, aos jovens, às crianças e aos adultos o discernimento. E ensiná-los a pedir pela graça do discernimento.

Discurso, 25 de março de 2017

CRISTO BATE À PORTA DOS CORAÇÕES.
FAÇA O MESMO NO CORAÇÃO DOS SEUS IRMÃOS

Hoje Cristo bate à porta do seu e do meu coração; convida todos nós a levantar-nos, a ficarmos acordados e atentos, para ver as coisas que realmente importam na vida. Mais ainda! Ele pede que trilhemos as estradas e os caminhos desse mundo para batermos à porta do coração dos outros, convidando-os a receber Cristo em sua vida.

Discurso, 15 de agosto de 2014

QUEM AMA OS POBRES REALIZA O EVANGELHO
(NÃO O COMUNISMO)

Sou fiel, creio em Deus, creio em Jesus Cristo e no seu Evangelho, e a essência do Evangelho é o anúncio aos pobres. Por exemplo, quando se lê as Bem-Aventuranças, ou quando se lê o capítulo 25 de Mateus, vê-se claramente que esse é o propósito de Jesus. E Jesus diz de si mesmo, que veio para "evangelizar os pobres" (cf. Lc 4,18). Aos pobres! Aqueles que têm necessidade de salvação, que precisam ser acolhidos na sociedade. Depois, quando se lê o Evangelho, vê-se que Jesus tinha uma certa preferência pelos marginalizados: os leprosos, as viúvas, as crianças órfãs, os cegos... as pessoas marginalizadas. E também os grandes pecadores... e essa é a minha consolação! Sim, porque ele não fica com medo nem mesmo diante do pecado! Quando encontrou uma pessoa como Zaqueu, que era um ladrão, ou como Mateus, que traiu sua pátria por dinheiro, ele não se assustou! Ao vê--los, escolheu-os. Essa também é uma pobreza: a pobreza do pecado. Para mim, o âmago do Evangelho pertence aos pobres. Quando falei sobre esse assunto, há dois meses, ouvi uma pessoa dizer que, por causa dessa preferência, o papa era "comunista". Não! Essa é uma bandeira do Evangelho, não do comunismo: do Evangelho! É a pobreza sem ideologia, a pobreza... É por isso que acredito que os pobres são centrais no anúncio de Jesus. Basta ler o Evangelho! O problema é que, mais tarde, essa atitude em relação aos pobres foi, por vezes, ideologizada na história. E não é assim no Evangelho; a ideologia é uma coisa diferente. No Evangelho é uma coisa simples, muito simples. Essa atitude pode ser vista também no Antigo Testamento. É por isso que sempre coloco os pobres no centro das minhas falas.

Encontro com jovens da Bélgica, 31 de março de 2014

AO RECONHECER O OUTRO, PROCURE FAZER O BEM

O bem, geralmente, comunica-se conosco. Toda a experiência autêntica de verdade e de beleza procura, por si mesma, expandir-se; e qualquer pessoa que passe por uma libertação profunda fica com uma sensibilidade maior diante das necessidades dos outros. Ao ser difundido, o bem é instituído e, assim, pode se desenvolver. Por isso, quem deseja viver com dignidade e em plenitude, não tem outro caminho senão reconhecer o outro e buscar fazer o bem para ele.

Evangelii gaudium, 9

A VERDADEIRA ALEGRIA NASCE DO ENCONTRO

Sabemos que as coisas mundanas podem satisfazer alguns desejos, suscitar algumas emoções, mas, no final, é uma alegria superficial, que não nos toca de forma profunda, não é uma alegria íntima: é uma sensação momentânea que não nos deixa realmente felizes. A alegria não é uma emoção passageira: é outra coisa!

A verdadeira alegria não vem das coisas, do ter! Ela nasce do encontro, da relação com os demais, nasce quando nos sentimos aceitos, compreendidos, amados, e também quando aceitamos, compreendemos e amamos. E isso pelo interesse do momento, mas porque o outro, ou a outra, é uma pessoa. A alegria nasce de um encontro desinteressado! É quando dizemos: "Você é importante para mim", não necessariamente com palavras. É uma coisa bonita... E é precisamente isso que Deus nos faz compreender. Quando Deus nos chama, Ele diz: "Você é importante para Mim, Eu amo você, conto com você". Jesus fala isso para cada um de nós! É daí que nasce a alegria! A alegria do momento em que Jesus olhou para mim. Compreender e sentir isso é o segredo da nossa alegria. Sentir-se amado por Deus, sentir que para Ele nós não somos números, mas pessoas; e sentir que é Ele quem nos chama. Tornar-se sacerdote, religioso, religiosa não é originalmente uma escolha nossa. Eu não confio no seminarista e na noviça que dizem: "Escolhi esse caminho". Não gosto disso! Não dá certo! Pois é a resposta a um chamamento, a um chamamento de amor. Sinto uma coisa aqui dentro de mim, que me aflige, e respondo sim. O Senhor faz com que sintamos esse amor na oração, e também através de outros sinais que podemos perceber na nossa vida, com tantas pessoas que são colocadas no nosso caminho. E a alegria do encontro com ele e do seu chamamento faz com que não nos fechemos, mas que nos abramos, levando a servir na Igreja.

> Encontro com os seminaristas, os noviços e as noviças,
> 6 de julho de 2013

ENXUGUE AS SUAS LÁGRIMAS E AS DOS SEUS IRMÃOS

"Consolai, consolai o meu povo" (Is 40,1): são as palavras sinceras do profeta que ressoam ainda hoje, para que uma palavra de esperança possa chegar até aqueles que sofrem e que se afligem. Não deixemos nunca que a esperança que provém da fé no Senhor ressuscitado nos seja roubada. É verdade que muitas vezes temos que passar por provações difíceis, mas jamais devemos duvidar que o Senhor nos ama. A Sua misericórdia também se expressa na proximidade, no carinho e no apoio que muitos irmãos e irmãs podem oferecer nos dias de tristeza e aflição. Enxugar as lágrimas é uma ação concreta que rompe o círculo de solidão em que muitas vezes ficamos presos.

Misericordia et misera, 13

CAMINHE JUNTO AOS POBRES, NÃO ENCHA A BOCA COM O NOME DELES

Todos necessitamos de mudanças em relação aos pobres. Devemos cuidar deles e ser sensíveis às suas carências espirituais e materiais. A vocês, jovens, confio particularmente a tarefa de colocar a solidariedade no centro da cultura humana. Diante de antigas e novas formas de pobreza — desemprego, migração, dependências dos mais variados tipos —, temos o dever de permanecer vigilantes e conscientes, vencendo a tentação da indiferença. Pensemos também naqueles que não se sentem amados, não olham o futuro com esperança, renunciam a se comprometer na vida porque se sentem desanimados, desiludidos, temerosos. Devemos aprender a estar com os pobres. Não nos limitemos a pronunciar belas palavras sobre eles! Mas devemos nos encontrar com eles, fixá-los olhos nos olhos, ouvi-los. Para nós, os pobres são uma oportunidade concreta de encontrar o próprio Cristo, de tocar a sua carne sofredora.

Mensagem para a Jornada Mundial da Juventude,
21 de janeiro de 2014

NO FINAL DE TUDO, O QUE PERMANECE? DEUS E OS OUTROS!

Deus, hoje, nos questiona sobre o sentido da nossa existência. A partir dessa imagem, podemos pensar que as páginas do Evangelho são como uma "peneira" no meio do fluxo da nossa vida: faz com que lembremos que, neste mundo, quase tudo passa, como a corrente de água, mas há realidades preciosas que permanecem, como uma pedra preciosa presa em uma peneira. Afinal, o que fica? O que tem valor na vida? Quais são as riquezas que não desaparecem? Com certeza duas: *o Senhor e o próximo*. Essas duas riquezas não desaparecem. Esses são os bens maiores, que estão aqui para serem amados. Todo o resto passa — o céu, a terra, as coisas mais belas —; mas não devemos excluir da vida *Deus e os outros*.

Homilia, 13 de novembro de 2016

ONDE DESCANSA SEU CORAÇÃO?

A pergunta que quero fazer não é original. Ela vem do Evangelho: onde está o seu tesouro? Essa é a pergunta. Onde descansa o seu coração? Sobre qual tesouro repousa o seu coração? Porque onde estiver o seu tesouro, ali estará a sua vida. O coração está apegado ao tesouro, esse tesouro que todos nós temos: o poder, o dinheiro, o orgulho, tantos... ou a bondade, a beleza, o desejo de fazer o bem... Pode haver muitos tesouros... Onde está o seu tesouro? Essa é a pergunta que faço a vocês, mas devem respondê-las vocês mesmos, sozinhos!

Encontro com jovens da Bélgica, 31 de março de 2014

ONDE ESTÁ O SEU TESOURO?

Onde está o seu tesouro? [...] O nosso coração pode se apegar a tesouros verdadeiros ou falsos, podem encontrar um repouso autêntico ou então adormecer, tornando-se preguiçoso e entorpecido. O bem mais precioso que podemos ter na vida é a nossa relação com Deus. Estão convencidos disso? Estão cientes do valor inestimável que têm aos olhos de Deus? Sabem que Ele ama vocês e os acolhe, incondicionalmente, assim como são?

Quando essa percepção diminui, o ser humano se torna um enigma incompreensível, pois o que dá sentido à nossa vida é precisamente saber que somos amados incondicionalmente por Deus. Lembrem-se do diálogo de Jesus com o jovem rico (cf. Mc 10,17-22). O evangelista Marcos observa que o Senhor fixou o olhar nele e o amou (Mc 10,21), convidando-o depois a segui-Lo para encontrar o tesouro verdadeiro.

Mensagem para a Jornada Mundial da Juventude,
31 de janeiro de 2015

ESCOLHAM O QUE DESEJAM SER: EGOÍSTAS OU FRATERNAIS

Um autêntico espírito de fraternidade vence o egoísmo individual, que se contrapõe à possibilidade de as pessoas viverem em liberdade e harmonia entre si. Tal egoísmo desenvolve-se socialmente quer nas muitas formas de corrupção que hoje se difunde de maneira capilar, quer na formação de organizações criminosas — desde os pequenos grupos até aqueles organizados em escala global — as quais, minando profundamente a legalidade e a justiça, ferem no coração a dignidade das pessoas.

Tais organizações ofendem gravemente a Deus, prejudicam os irmãos e lesam a criação, revestindo-se de uma gravidade ainda maior caso tenham conotações religiosas.

Penso no tráfico de drogas, que lucra ao desafiar as leis morais e civis; na devastação dos recursos naturais e na poluição em curso; na tragédia da exploração do trabalho; penso tanto no tráfico de dinheiro ilícito como também na especulação financeira que, muitas vezes, assume caráter predatório e nocivo para sistemas econômicos e sociais inteiros, lançando na pobreza milhões de homens e mulheres; penso na prostituição, que diariamente ceifa vítimas inocentes, sobretudo entre os mais jovens, roubando-lhes o futuro; penso no abominável tráfico de seres humanos, nos crimes e abusos contra menores, na escravidão que ainda espalha o seu horror em muitas partes do mundo, na tragédia frequentemente ignorada dos imigrantes.

Mensagem para o Dia Mundial da Paz,
1º de janeiro de 2014

APRENDA COM A SABEDORIA DOS POBRES

Os pobres não são pessoas a quem apenas podemos dar qualquer coisa. Eles têm *tanto para nos oferecer, quanto para nos ensinar*. Temos muito a aprender com a sabedoria dos pobres! Pensem que um santo do século XVIII, Bento José Labre — dormia pelas ruas de Roma e vivia de esmolas —, tornou-se conselheiro espiritual de muitas pessoas, incluindo nobres e prelados. De certo modo, os pobres são como mestres para nós. Eles nos ensinam que o valor de uma pessoa não está naquilo que ela possui, na sua conta bancária. Um pobre, uma pessoa sem bens materiais, conserva sempre a sua dignidade. Os pobres podem nos ensinar muito também sobre a humildade e a confiança em Deus. Na parábola do fariseu e do publicano (cf. Lc 18,9-14), Jesus propõe que o publicano seja visto como modelo, porque é humilde e se reconhece pecador. E a própria viúva, que lança duas moedinhas no tesouro do templo, é exemplo da generosidade de quem, mesmo tendo pouco ou nada, dá tudo (cf. Lc 21,1-4).

Mensagem para a Jornada Mundial da Juventude,
21 de janeiro de 2014

QUE A IGREJA SEJA A CASA DAS SUAS CONSOLAÇÕES

Deus não nos consola apenas no coração; o profeta Isaías, acrescenta: "Em Jerusalém sereis consolados" (Is 66,13). Em Jerusalém, isto é, na cidade de Deus, na comunidade: quando estamos unidos, quando há comunhão entre nós, a consolação de Deus opera. A Igreja é *a casa da consolação*: é onde Deus deseja consolar. Podemos perguntar se eu, que estou na Igreja, sou portador da consolação de Deus? Sei acolher o outro como um hóspede e consolar quem está cansado e decepcionado? Mesmo aflito e em isolamento, o cristão é sempre chamado a infundir esperança em quem se deu por vencido, reanimar quem está desanimado, levar a luz de Jesus, o calor da sua presença, a renovação do seu perdão. Há tantos que sofrem, experimentam provações e injustiças, vivem na inquietação. É preciso ungir o coração com essa consolação do Senhor, que não tira os problemas, mas que dá a força do amor e sabe carregar o sofrimento em paz.

Homilia, 1º de outubro de 2016

NO DIÁLOGO, O CAMINHO NA DIREÇÃO DE DEUS

Eu procuro encontrar Deus em todas as circunstâncias da vida. Encontro-O na leitura da Bíblia, na celebração dos Sacramentos, na oração, e procuro encontrá-Lo também no meu trabalho, nas pessoas... Encontro-O sobretudo nos doentes: os enfermos me fazem bem, pois quando me encontro com um doente, eu me pergunto "por que ele, e não eu?". Encontro-O nos que estão presos: por que tal pessoa está encarcerada, e eu não? E falo com Deus: "Cometes sempre uma injustiça: por que ele, e não eu?". Encontro Deus em tudo isso, mas sempre na forma de um diálogo. Eu me sinto bem procurando-O durante o dia inteiro. Não consigo, mas procuro fazer isso, permanecer em diálogo. Não consigo fazer exatamente assim: os santos faziam isso bem, mas eu ainda não... Contudo, esse é o caminho!

Encontro com jovens da Bélgica, 31 de março de 2014

TODOS PRECISAMOS DE CONSOLO

Todos precisamos de consolo, porque ninguém está imune ao sofrimento, à dor e à incompreensão. Quanta dor pode causar uma palavra maldosa, fruto da inveja, do ciúme e da ira! Quanto sofrimento provoca a experiência da traição, da violência e do abandono! Quanta amargura sente-se diante da morte de pessoas queridas! E, todavia, Deus nunca está longe quando se vivem esses dramas. Uma palavra que conforta, um abraço de compreensão, uma carícia que deixa transparecer o amor, uma oração que permite ser mais forte... são todas expressões da proximidade de Deus através da consolação oferecida pelos irmãos.

Misericordia et misera, 13

SEJAMOS REFLEXOS DE UMA LUZ QUE TRANSFORMA

Jesus nos convida a ser um reflexo da sua luz, através do testemunho das boas obras. E diz: "Brilhe do mesmo modo a vossa luz diante dos homens, para que, vendo as vossas boas obras, eles glorifiquem vosso Pai que está nos céus" (Mt 5,16). Essas palavras acentuam que nós somos reconhecidos como verdadeiros discípulos d'Aquele que é a Luz do mundo, não pelas palavras, mas pelas nossas obras. Assim, é através do nosso comportamento que — no bem e no mal — deixamos uma marca nos outros. Por isso, temos uma missão e uma responsabilidade pelo dom recebido: a luz da fé, que está em nós por meio de Cristo e da ação do Espírito Santo, não deve ser guardada como se fosse uma propriedade nossa. Ao contrário, somos chamados a fazê-la resplandecer no mundo, a doá-la aos outros por meio das boas obras. E como o mundo precisa da luz do Evangelho que transforma, cura e garante a salvação de quem a acolhe! Devemos levar essa luz junto com as nossas boas obras.

Angelus, 5 de fevereiro de 2017

UM SORRISO TRANSFORMA A VIDA

Devemos nos perguntar como nos sentimos quando nos deparamos com pessoas que poderiam ser vítimas do tráfico de seres humanos, ou quando estamos fazendo compras, se escolhemos produtos que poderiam ter sido feitos através da exploração de pessoas. Alguns, por indiferença, ou por estarem distraídos com as preocupações diárias, ou por razões econômicas, fecham os olhos para esse problema. Outros, pelo contrário, escolhem tomar uma posição, participando nas associações da sociedade civil ou praticando no dia a dia pequenos gestos como dirigir uma palavra a alguém, trocar um cumprimento, dizer "bom dia" ou oferecer um sorriso; esses gestos, que têm imenso valor e não nos custam nada, podem dar esperança, abrir caminhos, mudar a vida de uma pessoa que se sente invisível e muda também a nossa vida diante da realidade.

Mensagem para o Dia Mundial da Paz, 1º de janeiro de 2015

A SUA COMPAIXÃO PODE ACONTECER TAMBÉM NO SILÊNCIO

Às vezes, o silêncio é uma grande ajuda, porque, em certas ocasiões, não há palavras para responder aos questionamentos de quem está sofrendo. Na falta de palavras, o silêncio pode oferecer a compaixão necessária para quem está próximo, amando e estendendo a mão. Não é verdade que o silêncio seja um ato de rendição; pelo contrário, é um momento de força e de amor. O próprio silêncio pertence à nossa linguagem de consolação, porque se transforma em um gesto concreto de partilha e participação no sofrimento do irmão.

Misericordia et misera, 13

EM COMUNHÃO DE AMOR

Não é suficiente saber que Deus nasceu, se Ele não nasceu em seu coração. Deus nasceu, sim, mas nasceu no seu coração?... Como os Reis Magos encontraram Jesus no estábulo, com Maria e José, também vamos encontrá-Lo assim.

Os Reis Magos, tendo encontrado o Menino, "prostrando-se, o homenagearam" (Mt 2,11). Não olharam apenas para ele, rezaram e depois foram embora, não; o homenagearam, o adoraram, entraram em uma comunhão pessoal de amor com Jesus.

Angelus, 6 de janeiro de 2017

SEJAMOS SAL QUE DÁ SABOR

A luz da nossa fé, doando-se, não se apaga, mas se fortalece. Ela, inclusive, pode diminuir se não a alimentarmos com o amor e com as obras de caridade. Assim, a imagem da luz encontra-se com a do sal. O Evangelho diz também que, como discípulos de Cristo, somos "o sal da terra" (Mt 5,13). O sal é um elemento que, ao dar sabor, conserva os alimentos — não havia geladeira na época de Jesus!

Por isso, a missão dos cristãos na sociedade é dar "sabor" à vida com a fé e com o amor que Cristo nos doou e, ao mesmo tempo, afastar os germes poluidores do egoísmo, da inveja, da difamação. Esses germes corroem o tecido das nossas comunidades que, na verdade, devem resplandecer como lugares de acolhimento, solidariedade e reconciliação. Para desempenhar essa missão, é preciso que nós mesmos sejamos os primeiros a nos libertar da degeneração destruidora das influências mundanas, contrárias a Cristo e ao Evangelho; e essa purificação nunca termina, deve ser feita continuamente, todos os dias!

Cada um de nós foi chamado a ser *luz* e *sal* em sua própria vida, perseverando na tarefa de regenerar a realidade humana no espírito do Evangelho e na promessa do reino de Deus.

Angelus, 5 de fevereiro de 2017

COMO A ÁGUA NOS FEIJÕES

É importante saber acolher, e isso é mais bonito que qualquer enfeite ou decoração. É assim porque quando somos generosos ao acolher uma pessoa e partilhar algo com ela — um pouco de comida, um lugar na nossa casa, o nosso tempo — não ficamos mais pobres, mas enriquecemos. Sei bem que quando alguém que precisa comer bate à sua porta, vocês sempre dão um jeito de compartilhar a comida — como diz o ditado, sempre se pode "colocar mais água no feijão"!... E vocês fazem isso com amor, mostrando que a verdadeira riqueza não está nas coisas, mas no coração!

Discurso, 25 de julho de 2013

O BEM PAGA MELHOR QUE O DINHEIRO

As diferenças não impedem a harmonia, a alegria e a paz; antes, tornam-se uma oportunidade para um conhecimento mais profundo e uma busca de compreensão mútua. As diferentes experiências religiosas se abrem ao amor respeitoso para com o próximo; cada comunidade religiosa se exprime através do amor e não da violência; não se envergonha da bondade. Ao crescer dentro de nós, a bondade nos dá uma consciência tranquila, uma alegria profunda, mesmo no meio das dificuldades e incompreensões. Até diante das ofensas sofridas, a bondade não é uma fraqueza, mas uma verdadeira força, capaz de renunciar à vingança.

O bem é um prêmio em si mesmo, nos aproximando de Deus, o Bem Supremo. O bem nos faz pensar como Ele, nos faz ver a realidade da nossa vida à luz do Seu desígnio de amor para cada um de nós, nos faz saborear as pequenas alegrias de cada dia e nos ampara nas dificuldades e nas provações. O bem paga infinitamente mais do que o dinheiro, que, pelo contrário, nos ilude, porque fomos criados para acolher o amor de Deus e dá-lo aos outros, e não para medir tudo em termos de dinheiro ou de poder, que é o perigo que nos mata a todos.

Discurso, 21 de abril de 2014

O PERDÃO NÃO É UMA ESMOLA

Pode-se perdoar. A ferida pode curar, se fechar. Mas muitas vezes permanece a cicatriz. E isso significa: "Eu não posso esquecer, mas perdoei". Sempre o perdão. Apenas não seja aquela pessoa que oferece o perdão como se fosse uma esmola. O perdão nasce no coração e, assim, me comporto com aquela pessoa como se nada houvesse acontecido... Um sorriso, e lentamente o perdão chega. O perdão não acontece por decreto: para perdoar, é preciso percorrer um caminho dentro de nós mesmos. Não é fácil...

Encontro com as crianças e os jovens, 15 de janeiro de 2017

A ESPERANÇA PRECISA DE UM CORPO QUE A SUSTENTE

Para se alimentar, a esperança precisa necessariamente de um "corpo", no qual os vários órgãos ajudam na manutenção da vida. Isso quer dizer que se nós esperamos é porque muitos dos nossos irmãos e irmãs nos ensinaram a esperar, mantendo viva a nossa esperança. Entre eles, distinguem-se os pequeninos, os pobres, os simples, os marginalizados. Pois quem se fecha no próprio bem-estar não sabe o que é a esperança, só conhece a segurança relativa; quem se fecha na própria satisfação, quem se sente sempre à vontade, não conhece a esperança... Quem espera, ao contrário, são aqueles que experimentam cada dia a provação, a precariedade e o próprio limite. São esses irmãos que nos dão o testemunho mais bonito, mais vigoroso, porque permanecem firmes na confiança no Senhor, conscientes de que, para além da tristeza, da opressão e da inevitabilidade da morte, a última palavra será Sua, e será uma palavra de misericórdia, de vida e de paz. Quem aguarda, espera um dia ouvir essa frase: "Vem, vem a mim, irmão; vem, vem a mim, irmã, para toda a eternidade!".

Audiência Geral, 8 de fevereiro de 2017

PARA OBTER UMA VIDA PLENA: ESTIMULAR E NÃO APENAS PUNIR

Recordo que uma vez, em uma escola, havia um aluno que era fenomenal quando jogava futebol, mas seu comportamento na sala de aula era um desastre. Com o intuito de melhorar seu comportamento, criaram a seguinte regra: se ele não se comportasse na aula, ele não poderia jogar futebol, que era coisa de que gostava. Como continuou a se comportar mal, ficou dois meses sem jogar, o que piorou a situação. É preciso estar atento na hora de dar uma punição, pois aquele jovem piorou. É um caso verídico, eu conheci esse jovem. Um dia o treinador falou com a diretora e explicou: "Assim não funciona! Deixe eu tentar resolver a situação", disse à diretora, pedindo permissão para que o jovem pudesse voltar a jogar. "Vamos tentar", disse a diretora. E o treinador colocou o jovem como a capitão do time. Então aquele adolescente sentiu-se valorizado, sentiu que podia dar o melhor de si, e começou não só a comportar-se melhor, mas o seu aproveitamento na escola progrediu. Acho que saber isso é muito importante na educação. Entre os nossos estudantes, há alguns que têm talento para o esporte e não tanto para as ciências, enquanto que outros se saem melhor na arte do que na matemática, e outros ainda na filosofia mais do que no esporte. Um bom mestre, educador ou treinador sabe estimular as boas qualidades dos seus alunos, sem descuidar das outras.

Discurso, 25 de março de 2017

QUE A SUA COMUNIDADE TAMBÉM SEJA BEM-AVENTURADA

Bem-aventuradas as comunidades cristãs que vivem a simplicidade evangélica genuína. Pobres de meios, são ricas de Deus. Felizes os pastores que não seguem a lógica do sucesso mundano, mas seguem a lei do amor: o acolhimento, a escuta, o serviço. Feliz a Igreja que não se deixa levar pelos critérios da funcionalidade e da eficiência organizativa, nem se preocupa em criar uma imagem de fachada.

Homilia, 1º de outubro de 2016

VIVA COMO PESSOA RECONCILIADA

O homem reconciliado vê, em Deus, o Pai de todos e, consequentemente, é solicitado a viver uma fraternidade aberta a todos. Em Cristo, o outro é acolhido e amado como filho ou filha de Deus, como irmão ou irmã, e não como um estranho, menos ainda como um oponente, ou até um inimigo. Na família de Deus, onde todos são filhos do mesmo Pai e, por fazerem parte de Cristo, *filhos no Filho*, não há "vidas descartáveis". Todos gozam de igual e inviolável dignidade.

Mensagem para o Dia Mundial da Paz, 1º de janeiro de 2014

A família, plenitude de vida

Preciso me voltar para o Senhor junto com as famílias,
e recordar a minha família: meu pai, minha mãe,
meu avô, minha avó...

Discurso, 16 de janeiro de 2015

A INQUIETUDE DO HOMEM SOLITÁRIO

Jesus, na sua reflexão sobre o casamento, alude ao capítulo 2 do Gênesis, em que aparece um retrato admirável de um casal com detalhes elucidativos. Vamos falar apenas de dois. O primeiro é a inquietação vivida pelo homem, que busca "uma auxiliar semelhante" (Gn 2, 18-20), capaz de acabar com essa solidão que o perturba e que não encontra remédio na proximidade com os animais e a criação inteira. A expressão original hebraica nos faz pensar em uma relação direta, quase "frontal" — olhos nos olhos —, em um diálogo também sem palavras, porque, no amor, os silêncios costumam ser mais eloquentes do que as palavras: é o encontro com um rosto, um "você" que reflete o amor divino e constitui — como diz um sábio bíblico — "[início de] fortuna, auxiliar semelhante a ele, coluna de apoio" (Eclo 36,24). Ou como exclama a mulher do Cântico dos Cânticos, em uma confissão estupenda de amor e doação na reciprocidade, "Meu amado é meu e eu sou dele [...]. Eu sou do meu amado, e meu amado é meu" (Ct 2,16; 6,3).

Desse encontro, que cura a solidão, surge a geração e a família.

Amoris laetitia, 12

A SUA FAMÍLIA AINDA POSSUI SONHOS?

Tenho muito apreço pelo sonho em uma família. Toda a mãe e todo o pai sonharam com o seu filho durante nove meses... Sonharam como seria aquele filho... Uma família não é possível sem o sonho. Em uma família, quando se perde a capacidade de sonhar, os filhos não crescem, o amor não cresce; a vida se enfraquece e se apaga. Por isso, recomendo que façam a seguinte pergunta: Hoje sonhei com o futuro dos meus filhos? Hoje sonhei com o amor do meu esposo, da minha esposa? Hoje, eu sonhei com os meus pais e os meus avós, que fizeram a vida chegar até mim. É muito importante sonhar. Em uma família, antes de mais nada, sonhem. Nunca percam essa capacidade de sonhar!

Discurso, 16 de janeiro de 2015

A PLENITUDE HUMANA "EM UMA CARNE SOLITÁRIA"

Adão, que é também o homem de todos os tempos e de todas as regiões do nosso planeta, juntamente com a sua esposa, dá origem a uma nova família, como afirma Jesus citando o Gênesis: "Por isso o homem deixará pai e mãe e se unirá à sua mulher e os dois serão uma carne só" (Mt 19,5; cf. Gn 2,24). No original hebraico, o verbo "unir--se" indica uma sintonia estreita, uma ligação física e interior, a ponto de ser utilizada para descrever a união com Deus, como canta o orante: "Minha alma tem sede de ti" (Sl 63,2). Assim, união matrimonial é evocada não apenas na sua dimensão sexual e corpórea, mas também na sua doação voluntária de amor. O fruto dessa união é "tornar-se uma só carne", quer no abraço físico, quer na união dos corações e das vidas e, porventura, no filho que nascerá dos dois e que levará consigo as duas "carnes", unindo-as genética e espiritualmente.

Amoris laetitia, 13

TORNE O AMOR UM COSTUME

Como Maria e José, cada família cristã pode primeiro acolher Jesus, ouvi-lo, falar com ele, guardá-lo, protegê-lo e crescer com ele, e assim melhorar o mundo. Vamos abrir espaço para o Senhor no nosso coração e nos nossos dias. Assim também fizeram Maria e José, mas não foi fácil: quantas dificuldades tiveram que superar! Não era uma família fictícia, nem uma família irreal. A família de Nazaré nos inspira a redescobrir a vocação e missão da família. E da mesma forma que aconteceu em Nazaré ao longo de trinta anos, o mesmo pode ocorrer em nossa família: fazer com que o amor se torne habitual, e não o ódio, fazer com que seja comum a ajuda de um a outro, não a indiferença ou a inimizade.

Audiência Geral, 17 de dezembro de 2014

NÃO REDUZA A DEDICAÇÃO AO OUTRO
A UMA PRESTAÇÃO DE SERVIÇOS

A liberdade de escolha permite planejar a própria vida e cultivar o melhor de si mesmo, mas, sem objetivos nobres e disciplina pessoal, ela pode se degenerar em uma incapacidade de se dar generosamente. De fato, em muitos países onde o número de casamentos diminuiu, cresceu o número de pessoas que decidem viver sozinhas ou que convivem sem coabitar. Podemos perceber também um sentido de justiça louvável, mas que, se mal compreendido, transforma os cidadãos em clientes que procuram apenas prestar serviços.

Amoris laetitia, 33

VENHAM A MIM, FAMÍLIAS, E EU AS CONFORTAREI!

Queridas famílias, o Senhor sabe dos nossos esforços! E sabe os pesos da nossa vida. Mas o Senhor conhece também o nosso desejo profundo de achar a alegria no descanso. Lembram? Jesus disse: "vossa alegria seja plena" (Jo 15,11). Jesus quer que a nossa alegria seja completa! Disse isso aos apóstolos, e repete para nós hoje. É isso que gostaria de compartilhar com vocês, uma palavra de Jesus: Vinde a Mim, famílias de todo o mundo, e eu vos aliviarei, para que a vossa alegria seja plena. Levem essa palavra de Jesus para casa, levem no coração, compartilhem em família. Ela nos convida a ir ter com ele para nos dar, para dar alegria a todos.

Discurso, 26 de outubro de 2013

REDESCUBRA A ALEGRIA DOS ABRAÇOS

É muito importante na família a capacidade de se abraçar, apoiar, acompanhar, decifrar olhares e silêncios, rir e chorar juntos, pois são pessoas que não se escolheram e, todavia, são tão importantes umas para as outras... é essa capacidade que nos faz compreender o que é a comunicação enquanto *descoberta e construção de proximidade*. Reduzir as distâncias, indo ao encontro e acolhendo uns aos outros, é motivo de gratidão e alegria: é da saudação de Maria e do sobressalto do menino que derivam a bênção de Isabel, seguindo-se o belíssimo cântico do *Magnificat*, no qual Maria louva o desígnio amoroso que Deus reservou para ela e para o seu povo. A partir de um "sim" pronunciado com fé, surgem consequências que se estendem muito para além de nós mesmos e se expandem pelo mundo.

Mensagem, 23 de janeiro de 2015

QUANDO A FAMÍLIA REZA UNIDA, PERMANECE UNIDA

Voltar-se para a oração é particularmente importante para as famílias. Antes de tudo, é na família que aprendemos como rezar. Não esqueçam: quando a família reza unida, permanece unida. Isso é importante. É dentro dela que chegamos a conhecer Deus, a crescer como homens e mulheres de fé, a nos considerar como membros da família mais ampla de Deus, a Igreja. Na família, aprendemos a amar, a perdoar, a ser generosos e disponíveis, e não fechados e egoístas. Aprendemos a ir além das nossas próprias necessidades, para encontrar outras pessoas e partilhar as nossas vidas com elas. Por isso é tão importante rezar como família. É por isso que as famílias são indispensáveis no plano de Deus para a Igreja. Voltar-se para o Senhor é rezar, unidos em família.

Discurso, 16 de janeiro de 2015

NÃO EXISTE FAMÍLIA PERFEITA:
TORNE-A UMA ESCOLA DO PERDÃO

Mais do que em qualquer outro lugar, é na família, pelo convívio diário, que se experimentam *as limitações* — tanto as nossas quanto as dos outros —, os pequenos e os grandes problemas da coexistência e como chegar a um acordo. Não existe a família perfeita, e não é preciso ter medo da imperfeição, da fragilidade, nem mesmo dos conflitos; é preciso aprender a enfrentá-los de forma construtiva. Por isso, a família em que as pessoas, apesar das próprias limitações e pecados, se amam, se torna uma *escola do perdão*.

Mensagem, 23 de janeiro de 2015

DIGA AOS JOVENS ESPOSOS QUE O AMOR DELES É BONITO!

O amor entre esposos e dentro da família revela claramente a vocação da pessoa para amar de modo único e para sempre, e as provas, os sacrifícios e as crises do casal, assim como da própria família, representam estágios para se crescer no bem, na verdade e na beleza. No casamento, nos entregamos completamente, sem reservas, compartilhando tudo, dons e renúncias, confiando na Providência de Deus. Essa é a experiência que os jovens podem aprender dos pais e dos avós. Trata-se de uma experiência de fé em Deus e de confiança recíproca, de liberdade profunda e de santidade, porque a santidade supõe o doar-se com fidelidade e sacrifício todos os dias da nossa vida! Mas existem problemas no casamento. Sempre há diversos pontos de vista, ciúmes e discussões. É necessário dizer aos jovens esposos que nunca terminem o dia sem se reconciliarem. O sacramento do casamento é renovado nesse gesto de paz depois de uma briga, de um mal-entendido, de um ciúme oculto e até de um pecado. Fazer as pazes confere unidade à família; é preciso dizer isso aos jovens casais, que não é fácil percorrer esse caminho; ainda assim, essa vereda é muito bonita!

Discurso, 25 de outubro de 2013

NÃO TRANSFORME O EVANGELHO EM PEDRA MORTA
A SER ARREMESSADA CONTRA OS POBRES

Quero destacar a situação das famílias que vivem na miséria, penalizadas de tantas maneiras, onde as limitações da vida se fazem sentir de forma lancinante. Se todos têm dificuldades, elas se tornam mais duras em uma casa muito pobre.

Por exemplo, se uma mulher deve criar o seu filho sozinha, devido a uma separação ou por outras causas, e tem de ir trabalhar sem a possibilidade de deixá-lo com outra pessoa, o filho cresce meio abandonado, exposto a todos os tipos de risco e com seu amadurecimento pessoal comprometido. Nas situações difíceis em que vivem as pessoas mais necessitadas, a Igreja deve ter um cuidado especial em compreender, consolar e integrar, evitando impor-lhes um conjunto de normas que se assemelham a uma rocha. O resultado é que essas famílias se sentem julgadas e abandonadas precisamente por aquela Mãe que é chamada a levar-lhes a misericórdia de Deus. Assim, em vez de oferecer a força sanadora da graça e da luz do Evangelho, alguns querem "doutrinar" o Evangelho, transformá-lo em "pedra morta para jogá-la contra os outros".

Amoris laetitia, 49

UMA FAMÍLIA QUE EDUCA O BEM É BÊNÇÃO PARA O MUNDO

Quando as famílias educam as suas crianças na fé e em valores sadios com o objetivo de contribuir para a sociedade, elas se tornam uma bênção para o mundo. As famílias podem ser uma bênção para o mundo. O amor de Deus se torna presente e ativo a partir do modo como nós amamos e praticamos as boas obras. Assim, propagamos o reino de Cristo neste mundo. Ao fazê-lo, mostramos que somos fiéis à missão profética que recebemos no batismo.

Discurso, 16 de janeiro de 2015

A IMPORTÂNCIA DE CAMINHAR UNIDOS

Às vezes, penso nos casais que, depois de muitos anos, se separam. "Nós não nos entendemos, nos afastamos um do outro". É possível que não tenham pedido desculpas no tempo certo. Talvez não tenham perdoado na hora certa. Sempre dou esse conselho aos recém-casados: "Podem discutir o quanto quiserem. Não importa se jogam pratos um no outro. Mas nunca terminem o dia sem fazer as pazes! Nunca!". Os casais deveriam aprender a dizer: "Desculpa, eu estava cansado", ou a fazer um pequeno gesto de paz e voltar à vida normal no dia seguinte. Esse é um segredo bonito, e evita as separações dolorosas. Como é importante caminhar unidos, sem fugir, sem pensar no passado. E enquanto caminham, devem falar um com o outro, se conhecer, se comunicar e crescer como família. Agora, pergunto: como caminhamos?

Discurso, 4 de outubro de 2013

QUE BELA A RIQUEZA DA RELAÇÃO ENTRE HOMEM E MULHER!

A família mais bela é aquela que, a partir do *testemunho*, sabe *comunicar* a beleza e a riqueza do relacionamento entre o homem e a mulher, entre pais e filhos. Não lutemos para defender o passado, mas trabalhemos com paciência e confiança, em todos os lugares onde nos encontramos diariamente, para construir o futuro.

Mensagem, 23 de janeiro de 2015

A MISSÃO DA SUA FAMÍLIA É
"ABRIR CAMINHO PARA JESUS NO MUNDO"

"Nazaret" significa "aquela que conserva", como Maria, que "conservava cuidadosamente todos esses acontecimentos e os meditava em seu coração" (cf. Lc 2,19). Com isso, quando uma família preserva esse mistério, até nos confins do mundo, o mistério do Filho de Deus entra em ação, o mistério de Jesus que vem nos salvar. Vem para salvar o mundo. Essa é a grande missão da família: abrir caminho para Jesus que vem; acolher Jesus na família, na pessoa dos filhos, do marido, da esposa, dos avós... Jesus está aí. É preciso acolhê-lo ali, para que cresça espiritualmente na família.

Audiência Geral, 17 de dezembro de 2014

O SEU VENTRE, A SUA LIGAÇÃO, A SUA LÍNGUA...

Mesmo depois de termos chegado ao mundo, em certo sentido, permanecemos dentro de um "ventre", que é a família. Um ventre feito de pessoas diferentes, que se inter-relacionam: a família é "o espaço onde se aprende a conviver na diferença" (*Evangelii gaudium*, 66). Diferenças de gênero e de gerações, que se comunicam, antes de mais nada, ao se acolherem mutuamente, porque existe um vínculo entre essas pessoas. E quanto mais amplo for o leque dessas relações, mais diversas serão as idades e mais rico será o nosso meio social. O *vínculo* está na base da palavra, e esta, por sua vez, revigora o vínculo. Nós não inventamos as palavras: podemos usá-las, porque as recebemos. É em família que se aprende a falar na "língua materna", ou seja, a língua dos nossos antepassados (cf. 2Mac 7,21.27). Em família, nos damos conta de que outros vieram antes de nós, criando as condições para a nossa existência e, assim, podermos gerar vida e fazer algo de bom e belo. Podemos dar, porque recebemos; e esse círculo virtuoso está no coração da capacidade da família de se comunicar e de comunicar; esse é, no quadro mais geral, o paradigma de toda a comunicação.

Mensagem, 23 de janeiro de 2015

QUANDO A ALEGRIA DOS JOVENS ENCONTRA A CONSOLAÇÃO DOS IDOSOS

O Evangelho repete quatro vezes que Nossa Senhora e são José desejavam cumprir aquilo que estava prescrito pela Lei do Senhor (cf.

Lc 2,22-27). Percebe-se, assim, que os pais de Jesus sentem alegria de observar os preceitos de Deus, o júbilo de caminhar na Lei do Senhor! Eram recém-casados, tinham acabado de ter o seu filho e se sentiam animados pelo desejo de cumprir o que estava prescrito. Não se trata de algo que foi imposto exteriormente, para se sentir bem, não! É um desejo forte, profundo e repleto de alegria. Eis o que diz o Salmo: "Eu me alegro com o caminho dos teus testemunhos [...] pois tua lei são as minhas delícias" (Sl 119,14.77).

O que diz são Lucas sobre os anciãos? Ressalta mais de uma vez que eles eram orientados pelo Espírito Santo. Acerca de Simeão, afirma que era um homem justo e piedoso, que esperava a consolação de Israel, e que "o Espírito Santo estava nele" (Lc 2,25); recorda ainda que "o Espírito Santo lhe tinha revelado" que ele não morreria sem primeiro ter visto Cristo, o Messias (Lc 2,26); e, finalmente, que foi ao Templo "movido pelo Espírito Santo" (Lc 2,27). Com relação a Ana, diz que ela era uma "profetisa" (Lc 2,36), ou seja, inspirada por Deus; e que estava sempre no Templo, "servindo a Deus noite e dia com jejuns e orações" (Lc 2,37). Em suma, esses dois anciãos estão cheios de vida! Estão repletos de vida, porque são animados pelo Espírito Santo, são dóceis ao seu sopro, sensíveis aos seus conselhos...

Eis o encontro entre a Sagrada Família e esses dois representantes do povo santo de Deus. No centro está Jesus. É ele quem move tudo, quem os atrai para o Templo, que é a Casa do seu Pai.

Trata-se de um encontro entre jovens cheios de alegria na observância da Lei do Senhor, e de anciãos repletos de alegria pela obra do Espírito Santo. É um encontro singular entre observância e profecia, em que os jovens são observantes e os anciãos proféticos! Na realidade, pensando bem, a observância da Lei é animada pelo próprio Espírito, e a profecia se move ao longo do caminho traçado pela lei. Quem, mais do que Maria, está cheio de Espírito Santo? Quem, mais do que ela, é dócil à sua ação?

Homilia, 2 de fevereiro de 2014

VISITE, ABRA AS PORTAS, NÃO SE FECHE, CONFORTE...

"Visitar" supõe abrir as portas, não se fechar dentro do seu próprio apartamento, é sair, ir ter com o outro. A própria família é viva, e ela respira ao se abrir para além de si mesma. As famílias que procedem assim, podem comunicar a sua mensagem de vida e comunhão, podem dar conforto e esperança às famílias mais feridas, e fazer crescer a própria Igreja, que é uma família de famílias.

Mensagem, 23 de janeiro de 2015

TRANSFORME A SUA FAMÍLIA EM UMA HISTÓRIA DE COMUNHÃO

A família não é o meio onde batalhas ideológicas são travadas, mas *um ambiente onde se aprende a comunicar*; é um sujeito que comunica, uma *"comunidade comunicadora"*. Uma comunidade que sabe acompanhar, festejar e frutificar. Nesse sentido, é possível recuperar um olhar que reconheça que a família continua a ser um grande recurso, e não apenas um problema ou uma instituição em crise. Os meios de comunicação tendem a apresentar a família como um modelo abstrato que tem que ser aceito ou rejeitado, defendido ou atacado, em vez de uma realidade concreta que tem que ser vivida; ou como se a família fosse uma ideologia em que um se opõe ao outro, em vez de ser o lugar onde todos aprendemos o significado de se comunicar no amor recebido e dado. Comunicar-se significa compreender que as nossas vidas estão entrelaçadas em uma trama unitária, que as vozes são múltiplas e cada uma é insubstituível.

Mensagem, 23 de janeiro de 2015

Existências bem-sucedidas: as vocações vividas com alegria

Não tenham medo de mostrar a alegria de ter respondido
ao chamamento do Senhor, à Sua escolha de amor
e de testemunhar o Seu Evangelho
Encontro, 6 de julho de 2013

UM CAMINHO TRISTE É UM TRISTE CAMINHO

Que entre nós [os que consagraram a vida a Deus] não haja espaço para rostos tristes, pessoas desgostosas e insatisfeitas, porque "um caminho triste é um triste caminho".

Também nós, como todos os outros homens e mulheres, sentimos dificuldades, fraqueza de espírito, desilusões, doenças, debilitações devido à velhice. Mas são em meio a essas dificuldades que devemos encontrar a "perfeita alegria", aprender a reconhecer o rosto de Cristo, que se fez semelhante a nós em tudo e, consequentemente, sentir a alegria de saber que somos semelhantes a ele, que, por nosso amor, não se recusou a sofrer a cruz.

Em uma sociedade que ostenta o culto da eficiência, da saúde, do sucesso e que marginaliza os pobres e exclui os "perdedores", podemos testemunhar, através da nossa vida, a verdade dessas palavras da Escritura: "Pois quando sou fraco, então é que sou forte" (2Cor 12,10).

Carta Apostólica às pessoas consagradas,
21 de novembro de 2014

O LUGAR ONDE NASCE A ALEGRIA

Queria dizer uma palavra e a palavra é "alegria". Há sempre alegria, há sempre júbilo onde estão os consagrados, os seminaristas, as religiosas e os religiosos, e os jovens! É a alegria do vigor, é a alegria de seguir Jesus; a alegria que nos dá o Espírito Santo, não a alegria do mundo. A alegria existe! Mas onde nasce a alegria? A alegria vem de voltar para casa e dançar com os meus antigos companheiros? Vem de um seminarista, por exemplo? Não? Ou sim?

Encontro com os seminaristas, os noviços e as noviças,
6 de julho de 2013

CONTÁGIO E ATRAÇÃO

"A Igreja não se desenvolve por proselitismo, mas por atração"; a atração do testemunho daquela alegria que anuncia Jesus Cristo. É o testemunho que nasce da alegria recebida e que, em seguida, é transformada em anúncio. Trata-se da alegria fundadora! Sem essa alegria, sem esse júbilo não se pode fundar uma Igreja! Não se consegue instituir uma comunidade cristã! É uma alegria apostólica, que se irradia, que se propaga. Como Pedro, eu também me pergunto: "Sou capaz, como Pedro, de me sentar ao lado do meu irmão e de explicar lentamente a dádiva da Palavra que recebi e de contagiá-lo com a minha alegria? Sou capaz de convocar ao meu redor o entusiasmo daqueles que descobrem em nós o milagre de uma vida nova, que não se consegue controlar, e à qual devemos docilidade porque nos atrai e nos conduz? E essa vida nova nasce do encontro com Cristo?"

Homilia, 24 de abril de 2014

O INSTINTO DO POVO E O NOME DO CÃO

O que existe de mais bonito do que caminhar com o nosso povo? É bonito! Quando eu penso nos párocos que conheciam o nome das pessoas da paróquia, que iam encontrá-las... inclusive quando alguém me dizia que conhecia o nome do cão de cada família! Como isso é bonito! Repito com frequência que devemos sempre caminhar ao lado do nosso povo, às vezes, à frente; às vezes, no meio; e ou, atrás — à frente, para guiar a comunidade; no meio, para incentivá-la e sustentá-la; atrás, para mantê-la unida, a fim de que ninguém se atrase muito; para conservá-la unida e também por outro motivo: o instinto do povo. Pois, o povo possui a sensibilidade para encontrar novas sendas para o caminho, tem o "sensus fidei", como dizem os teólogos. O que existe de mais bonito?

Discurso, 4 de outubro de 2013

ABRA O CORAÇÃO PARA OS GRANDES IDEAIS

Nenhuma vocação nasce sozinha, nem vive em isolamento. A vocação brota do coração de Deus e germina na terra boa do povo fiel, na experiência do amor fraterno. Porventura não disse Jesus que "nisto reconhecerão todos que sois meus discípulos, se tiverdes amor uns aos outros" (Jo 13,35)? Mas a verdadeira alegria dos que foram chamados consiste em crer e sentir que o Senhor é fiel e, com Ele, podemos caminhar, nos tornarmos discípulos e testemunhas do amor de Deus, abrir o coração para os grandes ideais, as coisas grandes.

Mensagem para o Dia Mundial de Oração pelas Vocações,
15 de janeiro de 2014

O BEM É CONTAGIOSO

São Tomás dizia *"Bonum est diffusivum sui"* — O bem se propaga. Como a alegria. Não tenham medo de mostrar a alegria de ter respondido ao chamamento do Senhor, à Sua escolha de amor e de testemunhar o Seu Evangelho no serviço à Igreja. E a alegria, a verdadeira alegria, é contagiosa... e nos faz seguir em frente. Agora quando encontramos um seminarista ou uma noviça muito sérios, muito tristes, pensa que tem alguma coisa errada. Falta a alegria do Senhor, a alegria que leva ao serviço, a alegria do encontro com Jesus, que conduz ao encontro com os outros para anunciar Jesus. Não há santidade na tristeza! Santa Teresa dizia: "Um santo triste é um triste santo!"

Encontro com os seminaristas, os noviços e as noviças,
6 de julho de 2013

NÃO BASTA LER O EVANGELHO, É PRECISO VIVÊ-LO

Devemos nos perguntar se recorremos ao Evangelho para nos ajudar na vida diária e nas escolhas que somos chamados a fazer. Isto é difícil e pede para ser vivido com radicalismo e sinceridade. Não basta lê-lo; ainda que a leitura e o estudo sejam muito importantes, não é suficiente pensar sobre ele, o que fazemos com alegria todos os dias. Jesus pede-nos para colocar o Evangelho em prática, viver as suas palavras.

Carta Apostólica às pessoas consagradas,
21 de novembro de 2014

O VERDADEIRO PROBLEMA DO CELIBATO
É A FALTA DE FECUNDIDADE

A alegria que vem de Jesus. Quando falta alegria a um padre, ou a um seminarista, ou a uma freira é triste, e até podemos pensar que possa ser um "problema psiquiátrico". Isso pode acontecer, acontece, sim. Alguns, coitados, adoecem... Mas em geral não é um problema psiquiátrico. Seria um problema de insatisfação? Claro que sim! Mas onde está a raiz dessa falta de alegria? É um problema do celibato. Pois o amor dos seminaristas e freiras é dedicado a Jesus, e esse amor é grande; o coração é para Jesus, e isso nos leva a fazer o voto de castidade, o voto do celibato. Mas esses votos não acabam depois de proferi-los, eles continuam...

Esse caminho deve amadurecer até a paternidade e a maternidade pastoral. Quando um sacerdote não é pai da sua comunidade, quando uma religiosa não é mãe de todos aqueles com quem trabalha, eles se tornam tristes. Esse é o problema. Por isso digo que a raiz da tristeza na vida pastoral consiste na falta de paternidade e maternidade quando não se vive bem a consagração, que deve conduzir-nos à fecundidade. Não se pode imaginar um sacerdote ou uma religiosa que não sejam fecundos: isso não é católico! A alegria é a beleza da consagração...

> Encontro com os seminaristas, os noviços e as noviças,
> 6 de julho de 2013

O DOM DE UM VERDADEIRO SACERDOTE

A alegria do sacerdote é um bem precioso tanto para ele próprio como para todo o povo fiel de Deus. É desse povo fiel que o sacerdote é chamado para ser ungido, ao mesmo tempo que é enviado para ungir esse mesmo povo.

Ungidos com o óleo da alegria para ungir com esse mesmo óleo. A alegria sacerdotal tem a sua fonte no Amor do Pai, e o Senhor deseja que a alegria desse amor "esteja em nós" e "seja plena" (Jo 15,11). Gosto de pensar na alegria contemplando Nossa Senhora, pois Maria é "Mãe do Evangelho vivente, manancial de alegria para os pequeninos" (*Evangelii gaudium*, 288), e creio que não exagero quando digo que o sacerdote é uma pessoa muito pequena: a grandeza incomensurável do dom que nos é dado para o ministério nos coloca lado a lado com os menores dos homens. O sacerdote é o mais pobre dos homens, se Jesus não o enriquece com a sua pobreza; é o servo mais inútil, se Jesus não o trata como amigo; é o mais louco dos homens, se Jesus não o instrui pacientemente como fez com Pedro; o mais indefeso dos cristãos, se o Bom Pastor não o fortifica no meio do rebanho. Não há ninguém menor que um sacerdote deixado à mercê das suas forças; por isso, a nossa oração de proteção contra toda a cilada do Maligno é a prece da nossa Mãe: sou sacerdote, porque Ele olhou para a humilhação de sua serva (cf. Lc 1,48). E, a partir dessa pequenez, recebemos a nossa alegria, e temos alegria na nossa pequenez!

Homilia, 17 de abril de 2014

O SENTIDO DE SER PADRE SE ENCONTRA FORA DE SI MESMO

Ao se falar da crise de identidade sacerdotal, não se leva em conta que a identidade pressupõe uma sensação de pertencimento. O sacerdote que pretende encontrar a identidade sacerdotal voltando-se para dentro de si mesmo não encontrará nada além de sinais que indicam a "saída": sair de si mesmo, sair em busca de Deus na adoração, sair e dar ao seu povo aquilo que foi confiado a você. O seu povo terá o cuidado de fazer com que você sinta e descubra quem realmente é, como se chama, qual é a sua identidade, e fará com que você se alegre com a promessa que o Senhor fez de dar cem vezes mais aos seus servos. Se não sair de si mesmo, o óleo se tornará rançoso e a unção não poderá ser fecunda. Sair de si mesmo requer um despojamento de si.

Homilia, 17 de abril de 2014

VIVA O PRESENTE COM PAIXÃO

Viver com paixão o presente significa tornar-se "perito em comunhão", ou seja, testemunhas e artífices do "projeto de comunhão" que está no ápice da história do homem segundo Deus. Em uma sociedade marcada pelo conflito, pela convivência difícil entre culturas diferentes, pela prepotência sobre os mais fracos e pelas desigualdades, somos chamados a oferecer um modelo concreto de comunidade que permita viver relações fraternas, através do reconhecimento da dignidade de todas as pessoas e da partilha do dom que todos nós carregamos.

Por isso, sejam mulheres e homens de comunhão, estejam presentes onde há disparidades e tensões, e sejam um sinal da presença do Espírito que infunde nos corações a paixão por todos serem um só (cf. Jo 17,21).

Carta Apostólica às pessoas consagradas,
21 de novembro de 2014

MARCADOS COM O FOGO DA PAIXÃO PELO REINO

A humanidade precisa alcançar a salvação trazida por Cristo. Os discípulos são aqueles que se deixam conquistar cada vez mais pelo amor de Jesus, sendo marcados pelo fogo da paixão pelo Reino de Deus para serem portadores da alegria do Evangelho. Todos os discípulos do Senhor são chamados a alimentar a alegria da evangelização.

Os bispos, como os primeiros responsáveis pelo anúncio, têm o dever de incentivar a unidade da Igreja local em torno do compromisso missionário, relembrando que a alegria de revelar Jesus Cristo vem tanto na preocupação de anunciá-lo nos lugares mais remotos, quanto em idas constantes a lugares que estão longe dos centros, onde mais pessoas pobres estão à espera.

Mensagem, 8 de junho de 2014

ENTOE O CANTO DA ESPERANÇA

Acompanhemos Jesus que vem se encontrar com o seu povo, para estar no meio dele, não no lamento ou na ansiedade de quem se esqueceu de profetizar, uma vez que não se ocupou dos sonhos dos seus antecessores, mas no louvor e na serenidade; não na agitação, mas na paciência de quem confia no Espírito, Senhor dos sonhos e da profecia. E assim compartilhamos o que nos pertence: o cântico que nasce da esperança.

Homilia, 2 de fevereiro de 2017

HÁ ALEGRIA ONDE ESTÃO OS CONSAGRADOS

Que exista sempre alegria onde estão os religiosos. Somos chamados a mostrar que Deus é capaz de preencher o nosso coração e nos fazer felizes sem necessidade de procurar a nossa felicidade em outro lugar, pois a fraternidade autêntica vivida nas nossas comunidades alimenta a nossa alegria, e a nossa entrega total ao serviço da Igreja, das famílias, dos jovens, dos idosos e dos pobres nos realiza como pessoas, dando plenitude às nossas vidas.

Carta Apostólica às pessoas consagradas,
21 de novembro de 2014

A ALEGRIA DE JESUS SÃO OS NOSSOS NOMES ESCRITOS NO CÉU

Segundo são Lucas, o Senhor enviou 72 discípulos, dois de cada vez, para anunciar nas cidades e aldeias que o Reino de Deus estava próximo, preparando assim as pessoas para o encontro com Jesus. Cumprida essa missão de anúncio, os discípulos regressaram cheios de alegria: a alegria é um traço dominante dessa primeira e inesquecível experiência missionária. O Mestre divino lhes disse: "Não vos alegreis porque os espíritos se vos submetem; alegrai-vos, antes, porque vossos nomes estão inscritos nos céus. Naquele momento, ele exultou de alegria sob a ação do Espírito Santo e disse: 'Eu te louvo, ó Pai [...]'. E, voltando-se para os discípulos, disse-lhes a sós: 'Felizes os olhos que veem o que vós vedes'" (Lc 10,20-23). As cenas apresentadas por Lucas são três: primeiro, Jesus falou aos discípulos, depois, dirigiu-se ao Pai, para voltar de novo a falar com eles. Jesus quer que os discípulos participem da sua alegria, que era diferente e superior àquela que tinham acabado de experimentar.

Os discípulos estavam cheios de alegria, entusiasmados com o poder de libertar as pessoas dos demônios. Jesus, porém, recomendou que eles não se alegrassem tanto pelo poder recebido, mas sim pelo amor alcançado, ou seja, "porque vossos nomes estão inscritos nos céus" (Lc 10,20). Foi concedido a eles a experiência do amor de Deus e também a possibilidade de compartilhá-lo. Essa experiência dos discípulos é motivo de gratidão jubilosa para o coração de Jesus. Lucas viu esse júbilo na perspectiva de comunhão trinitária: Jesus "exultou de alegria sob a ação do Espírito Santo", dirigindo-se ao Pai e bendizendo-o. Esse momento de alegria íntima brota do amor profundo que Jesus sente como Filho por seu Pai, Senhor do Céu e da Terra, que escondeu essas coisas dos sábios e dos cultos, revelando-as aos pequeninos (cf. Lc 10,21). Deus escondeu e revelou, mas, nessa oração de louvor, é sobretudo a revelação que se destaca. O que foi que Deus revelou e escondeu? Os mistérios do seu Reino, a consolidação da soberania divina de Jesus e a vitória sobre satanás.

Mensagem, 8 de junho de 2014

AS "CIDADES SOBRE A MONTANHA"

Mosteiros, comunidades, centros de espiritualidade, cidadelas, escolas, hospitais e todos aqueles lugares que a caridade e a criatividade carismática fizeram nascer — e que ainda farão nascer com uma nova criatividade —, devem se tornar cada vez mais o fermento para uma sociedade inspirada no Evangelho, a "cidade sobre o monte" que manifesta a verdade e a força das palavras de Jesus.

Carta Apostólica às pessoas consagradas,
21 de novembro de 2014

O CHAMADO DE DEUS É SEMPRE PELA NOSSA LIBERTAÇÃO E A DOS NOSSOS IRMÃOS

Ouvir e receber o chamado do Senhor não é uma questão privada e intimista que se possa confundir com a emoção do momento; é um compromisso concreto, real e total que abraça a nossa existência e a põe a serviço da construção do reino de Deus na terra. Por isso, a vocação cristã, voltada para a contemplação do coração do Pai, leva ao compromisso solidário a favor da libertação dos irmãos, especialmente dos mais pobres. O discípulo de Jesus tem o coração aberto ao horizonte sem fim, e a sua intimidade com o Senhor nunca é uma fuga da vida e do mundo, pelo contrário, "configura-se essencialmente como uma comunhão missionária" (*Evangelii gaudium*, 23).

Mensagem, 29 de março de 2015

AS VOCAÇÕES NÃO SURGEM ONDE NÃO HÁ ENTUSIASMO

Falta vocação ao sacerdócio e à vida consagrada em muitas regiões. Com frequência, isso acontece devido à falta de um fervor apostólico contagiante nas comunidades, o que faz com que elas sejam pobres de entusiasmo e não suscitem fascínio. A alegria do Evangelho brota do encontro com Cristo e da partilha com os pobres. Por isso, encorajo as comunidades paroquiais, as associações e os grupos a viverem uma vida fraterna intensa, fundada no amor a Jesus e atenta às necessidades dos mais carentes. Onde há alegria, fervor e vontade de levar Cristo aos outros, surgem vocações genuínas, entre as quais as vocações leigas. Na realidade, a consciência de identidade e missão dos fiéis leigos cresceu na Igreja, bem como a consciência de que são chamados a assumir um papel cada vez mais relevante na difusão do Evangelho. Por isso, é importante que eles tenham uma formação adequada, para se ter uma ação apostólica eficaz.

Mensagem, 8 de junho 2014

ONDE HÁ AMOR FRATERNO, DEUS CHAMA

Jesus também está presente na nossa vida cotidiana, se aproximando de todos, a começar pelos últimos, curando as nossas enfermidades e doenças. Volto-me agora àqueles que estão dispostos justamente a escutar a voz de Cristo, que ressoa na Igreja, para descobrirem qual é a sua vocação. Convido-os a ouvir e seguir Jesus, a se deixarem transformar interiormente pelas suas palavras que "são espírito e são vida" (Jo 6,63). Maria, Mãe de Jesus, também nos diz: "Fazei tudo o que Ele vos disser!" (Jo 2,5). Faz bem participar, com confiança, de um caminho comunitário que desperte as melhores energias em vocês. A vocação é um fruto que amadurece no terreno bem cultivado do amor recíproco no contexto de uma vida eclesiástica autêntica.

Mensagem para o Dia Mundial de Oração pelas Vocações,
15 de janeiro de 2014

CRISTO, O PASTOR, AGE NO SACERDOTE

Saibam que existe neste mundo uma alegria genuína e plena: a de ser enviado ao povo que se ama para ser o agente dos dons e das consolações de Jesus, o único Bom Pastor, que, cheio de compaixão profunda por todos os humildes e excluídos, os cansados e abatidos como ovelhas sem pastor, quis reunir muitos sacerdotes em seu ministério para, através deles, perdurar e agir em benefício do seu povo.

Homilia, 17 de abril de 2014

LEMBRE-SE DO PRIMEIRO AMOR

Vamos mergulhar na alegria do Evangelho e alimentar um amor capaz de iluminar a sua vocação e a sua missão. Peço que vocês lembrem, em uma espécie de peregrinação interior, aquele "primeiro amor" com que o Senhor Jesus Cristo incendiou o coração de cada um; a recordação não é para suscitar um sentimento de nostalgia, mas para perseverar na alegria. O discípulo do Senhor persevera na alegria, quando está com Ele, quando faz a Sua vontade, quando partilha a fé, a esperança e a caridade evangélica.

Mensagem, 8 de junho de 2014

O dom e a dificuldade de ser mulher

Os apóstolos e os discípulos têm dificuldade de acreditar.
As mulheres não.
Audiência Geral, 3 de abril de 2013

UMA IGREJA SEM MULHERES?

Uma Igreja sem as mulheres é como o Colégio Apostólico sem Maria. O papel das mulheres na Igreja não é só a maternidade, ser mãe de família, mas é mais forte: é precisamente o ícone da Virgem Maria, de Nossa Senhora, é aquela que ajuda a Igreja a crescer. Pois Nossa Senhora é mais importante que os Apóstolos! A Igreja é feminina: é Igreja, é esposa, é mãe. O papel da mulher na Igreja não deve se restringir a ser mãe, trabalhadora... não devemos limitá-la!

Encontro com jornalistas durante o voo de regresso
à Roma, 28 de julho de 2013

COMPARTILHAR AS RESPONSABILIDADES PASTORAIS

A Igreja reconhece a contribuição indispensável da mulher na sociedade, com sua sensibilidade, sua intuição e habilidades características que geralmente estão mais presentes nas mulheres que nos homens. Por exemplo, a atenção que as mulheres dispensam aos outros, que se manifesta de modo especial, mas não exclusivamente, na maternidade. Vejo, com prazer, como muitas mulheres partilham responsabilidades pastorais juntamente com os sacerdotes, contribuindo para o acompanhamento de pessoas, famílias ou grupos, e trazendo novas contribuições para a reflexão teológica.

Mas ainda é preciso ampliar o espaço das mulheres na Igreja. Porque o gênio feminino é necessário em todas as expressões da vida social; por isso a presença das mulheres no âmbito do trabalho também deve ser garantida, assim como nos vários lugares onde as decisões importantes são tomadas, tanto na Igreja quanto em outras estruturas sociais.

Evangelii gaudium, 103

A REALIZAÇÃO DA MULHER NÃO É A SERVIDÃO

Sofro quando vejo na Igreja ou em outras organizações eclesiásticas a função do serviço da mulher diminuir para uma espécie de trabalho servil. Quando vejo mulheres que desempenham tarefas servis, é sinal de que não se sabe qual a função que a mulher deve desempenhar. Qual é a presença da mulher na Igreja? Não poderia ser mais valorizada?

Discurso, 12 de outubro de 2013

UMA VIDA POSSÍVEL, UMA CONTRIBUIÇÃO INIGUALÁVEL

Muitas mulheres desejam que seus direitos sejam mais reconhecidos tanto no seio da família, quanto na sociedade, que devem valorizar as tarefas que desempenham nos vários setores da vida social e profissional, além de levar em conta suas aspirações. Algumas mulheres se sentem cansadas e quase esmagadas pela quantidade de compromissos e tarefas que precisam realizar, além de não encontrarem compreensão e ajuda suficientes. A mulher não deveria, por exigências econômicas, ser obrigada a ter um trabalho muito árduo e duro, com uma jornada longa, para não se somar à responsabilidade de governar a casa e educar os filhos. Contudo, é necessário reconhecer que os compromissos da mulher, em todos os níveis da vida familiar, consistem também em uma contribuição incomparável para a vida e o futuro da sociedade.

Mensagem, 2 de dezembro de 2014

CONSTRUIR RECIPROCIDADE

Apesar das melhorias notáveis no reconhecimento dos direitos da mulher e na sua participação no espaço público, ainda há muito que fazer em alguns países. Certos costumes inaceitáveis ainda não foram erradicados, entre os quais, a violência vergonhosa que, às vezes, as mulheres sofrem, maus-tratos familiares e várias formas de escravidão, que não são um sinal de força masculina, mas sim uma degradação moral. A violência verbal, física e sexual, perpetrada contra as mulheres em alguns relacionamentos, contradiz a própria natureza da união conjugal. Penso na mutilação genital da mulher presente em algumas culturas, mas também na desigualdade de acesso a postos de trabalho dignos e às instâncias onde as decisões são tomadas. A história carrega os vestígios dos excessos das culturas patriarcais, onde a mulher era considerada um ser de segunda classe. Precisamos lembrar também das barrigas de aluguel e da instrumentalização e comercialização do corpo feminino na cultura midiática contemporânea. Algumas pessoas afirmam que muitos dos problemas atuais surgiram com a emancipação da mulher. Mas esse argumento não é válido, é falso: trata-se de uma forma de machismo. A dignidade entre o homem e a mulher é idêntica e nos leva a nos alegrar com a superação das velhas formas de discriminação e do desenvolvimento de uma relação de reciprocidade dentro das famílias. Se aparecerem formas de feminismo que não podemos considerar adequadas, admiramos da mesma maneira a obra do Espírito no reconhecimento da dignidade da mulher e dos seus direitos.

Amoris laetitia, 54

MULHER, DEUS CONFIA A VOCÊ O SER HUMANO!

Deus confia o homem, o ser humano, de modo especial, à mulher. O que significa essa "entrega especial", a entrega singular do ser humano à mulher? Parece-me evidente que isso se refere à maternidade. Muitas coisas podem mudar, e, com efeito, mudaram, na evolução cultural e social, mas um dado permanece: é a mulher quem concebe, quem traz no seu seio e dá à luz os filhos dos homens. Este não é simplesmente um dado biológico, mas traz uma riqueza de implicações para a mulher, em virtude do seu modo de ser e das suas relações, em função da sua maneira de se colocar em relação à vida humana. Chamando a mulher à maternidade, Deus lhe confiou o ser humano de uma forma especial.

Discurso, 12 de outubro de 2013

MULHER E HOMEM, VOCÊS SÃO COMPLEMENTARES

A complementaridade é a base do casamento e da família, onde começamos a aprender a valorizar os nossos dons e os dos outros e a descobrir a arte de viver junto. Para a maioria, é na família que se começa a "respirar" valores e ideais e a realizar a nossa potencialidade de virtude e de caridade. Ao mesmo tempo, há tensões dentro das famílias, entre egoísmo e altruísmo, entre razão e paixão, entre desejos imediatos e finalidades a longo prazo etc. Contudo, é dentro das famílias que essas tensões podem ser resolvidas, e isso é importante! Quando falamos da complementaridade entre homem e mulher nesse contexto, não podemos confundir tal termo com a ideia simplista de que todas as funções e relações de ambos os sexos estão encerradas em um modelo único e estático. A complementaridade adquire inúmeras formas, porque cada homem e cada mulher oferecem uma contribuição pessoal que é única para o casamento e a educação dos filhos. A riqueza e o carisma de cada um, e a complementaridade se tornam uma grande virtude. Não é apenas um bem, mas também uma beleza.

Discurso, 17 de novembro de 2014

DOIS PERIGOS QUE MORTIFICAM A VOCAÇÃO DA MULHER

Existem dois perigos sempre presentes que mortificam a mulher e a sua vocação. O primeiro consiste em reduzir a maternidade a um papel social, a uma tarefa, e, por mais nobre que seja, deixa de lado as potencialidades da mulher e não a valoriza plenamente na construção da comunidade, tanto no âmbito civil, quanto no contexto eclesiástico. Como reação, surge outro perigo, mas no sentido oposto, que consiste em promover uma espécie de emancipação em que a mulher, ao passar a ocupar os espaços antes dominados por homens, abandona as suas características femininas.

Discurso, 12 de outubro de 2013

A CONTRIBUIÇÃO DO ESPÍRITO FEMININO NA FAMÍLIA, NA SOCIEDADE, NA IGREJA

Se no mundo do trabalho e na esfera pública é importante ter uma contribuição mais presente do espírito feminino, tal colaboração permanece imprescindível no âmbito da família, que para nós, cristãos, não é simplesmente um lugar qualquer, mas uma espécie de "igreja" no lar, cuja saúde e prosperidade são essenciais para a saúde e a prosperidade da Igreja e da própria sociedade. Pensemos em Nossa Senhora: na Igreja, Nossa Senhora cria algo que não pode ser criado pelos presbíteros, bispos e Papas. Ela representa o autêntico espírito feminino. Agora pensemos em Nossa Senhora no seio das famílias. Assim, a presença da mulher na esfera doméstica se mostra necessária para a transmissão de princípios morais sólidos às gerações que estão por vir e para a propagação da própria fé.

Discurso, 25 de janeiro de 2014

APRENDA COM AS MULHERES DA RESSURREIÇÃO A SAIR E COMPARTILHAR A FÉ!

Observemos que as primeiras testemunhas da ressurreição foram as mulheres. Ao amanhecer, elas se dirigem ao sepulcro para ungir o corpo de Jesus, e encontram o primeiro sinal: o túmulo vazio (cf. Mc 16,1-8). Vem a seguir o encontro com um Mensageiro de Deus que anuncia: Jesus de Nazaré, o Crucificado, não está aqui, ressuscitou (Mc 16,5-6). As mulheres são impelidas pelo amor e sabem acolher esse anúncio com fé: creem, e logo o transmitem, não o guardam para si mesmas, transmitem-no. A alegria de saber que Jesus está vivo e a esperança que enche o coração não podem ser contidas. Isso deveria acontecer em nossa vida. Sintamos a alegria de ser cristãos! Nós cremos em um Ressuscitado que venceu o mal e a morte! Tenhamos a coragem de "sair" para levar essa alegria e essa luz a todos os lugares da nossa vida! A Ressurreição de Cristo é a nossa maior certeza; é o tesouro mais precioso! Como não compartilhar com os outros esse tesouro, essa certeza? Não é somente para nós, devemos transmiti-la, comunicá-la aos outros, compartilhá-la com o próximo.

Audiência Geral, 3 de abril de 2013

O TRABALHO TEOLÓGICO DAS MULHERES REVELA O INSONDÁVEL

Convido todos a refletir sobre o papel que as mulheres podem e devem desempenhar no campo da teologia. Em virtude do seu gênio feminino, as teólogas podem relevar, em benefício de todos, certos aspectos inexplorados do mistério insondável de Cristo, "no qual se acham escondidos todos os tesouros da sabedoria e do conhecimento" (Cl 2,3). Por isso, os convido a tirar o melhor proveito dessa contribuição específica das mulheres para a interpretação da fé.

Discurso, 5 de dezembro de 2014

CONTINUE COM O TESTEMUNHO!

Faz parte da missão das mulheres dar testemunho de que Jesus está vivo, é o Vivente, ressuscitou, aos filhos pequenos e aos netos. Mães e mulheres, sigam em frente com esse testemunho! Para Deus o que conta é o coração, quando estamos abertos a Ele, se somos filhos que confiam. Mas isso nos leva a refletir, inclusive, sobre o modo como as mulheres, na Igreja e no caminho da fé, desempenharam, e ainda desempenham, um papel especial na abertura das portas ao Senhor, na sua continuidade e na comunicação da Sua face, pois o olhar da fé sempre necessita do olhar simples e profundo do amor.

Audiência Geral, 3 de abril de 2013

UMA TEOLOGIA DAS MULHERES

Acho que ainda não se fez uma teologia mais aprofundada da mulher na Igreja. Nos limitamos a dizer que ela pode fazer isso, fazer aquilo, agora faz a coroinha, depois faz a Leitura, é a presidente da Caritas... Mas há muito mais a ser dito! Por isso, é necessário desenvolver uma teologia da mulher.

Encontro com jornalistas durante o voo de regresso
à Roma, 28 de julho de 2013

AS MULHERES SÃO VENCEDORAS SOBRE OS HOMENS

A mulher possui o grande tesouro de poder oferecer a vida, de dar ternura, de infundir paz e alegria. Para vocês existe um único modelo: Maria, a mulher da fidelidade, aquela que não entendia o que acontecia, mas que obedecia. Aquela que, quando soube do que a sua prima precisava, foi depressa encontrá-la; a Virgem da Prontidão! Aquela que fugiu como refugiada para um país estrangeiro a fim de salvar a vida do seu Filho. Aquela que ajudou o seu Filho a crescer, que o acompanhou e, quando o seu Filho começou a pregar, seguiu-o. Aquela que sofreu junto com o Menino, com o Jovem. Aquela que permaneceu ao lado do seu Filho, e lhe indicava os problemas que surgiam: "Olha, não há vinho!". Aquela que, no momento da Cruz, estava com ele.

Que Maria, a Senhora do Carinho, a Senhora da Ternura, a Senhora da Prontidão ao Serviço, indique o caminho para vocês. Agora já não precisam mais ficar bravas, pois conseguiram vencer os homens.

Videomensagem, 26 de abril de 2014

NÃO SE ESQUEÇA DO ÍCONE FEMININO

Na cruz, quando Cristo sentia na carne o encontro dramático entre o pecado do mundo e a misericórdia divina, viu a seus pés a presença consoladora da Mãe e do amigo. Naquele momento crucial, antes de declarar consumada a obra que o Pai lhe havia confiado, Jesus disse a Maria: "'Mulher, eis o teu filho!'. Depois disse ao discípulo: "Eis a tua mãe!" (Jo 19,26-27). As palavras de Jesus, no limiar da morte, não mostram, à primeira vista, uma preocupação por sua Mãe, mas são, na verdade, um preceito da revelação que manifesta o mistério de uma missão salvífica especial. Jesus nos deixava a sua Mãe como nossa Mãe. Só depois de fazer isso é que Jesus sentiu que "tudo estava consumado" (Jo 19,28). Ao pé da cruz, na hora suprema da nova criação, Cristo nos conduz a Maria, porque não quer que caminhemos sem uma mãe. É nessa imagem materna que o povo lê todos os mistérios do Evangelho. Não agrada ao Senhor a ausência de um ícone feminino na sua Igreja.

Evangelii gaudium, 285

NENHUM MACHISMO DE SAIA

Tenho medo do "machismo de saia", porque a mulher tem uma estrutura diferente do homem. Por vezes, os argumentos que escuto sobre o papel da mulher são muitas vezes inspirados em uma ideologia machista. As mulheres estão fazendo perguntas importantes que teremos de responder. A Igreja não pode ser o que é sem a mulher e o papel desempenhado por ela dentro da instituição. A mulher é imprescindível para a Igreja. Maria, uma mulher, é mais importante que os bispos. [...] A presença feminina é necessária nas posições em que se tomam as decisões importantes. O desafio hoje é exatamente refletir sobre o lugar específico da mulher, inclusive em cargos de autoridade nos vários âmbitos da Igreja.

Entrevista com padre Antonio Spadaro,
21 de setembro de 2013

PARTE III
O CÊNTUPLO TAMBÉM NO SOFRIMENTO

Além das lágrimas e da solidão

Se uma pessoa é queimada pelo leite,
quando vê a vaca, chora.
Meditação, 9 de janeiro de 2015

DEUS PARTICIPA DE NOSSAS BATALHAS COTIDIANAS

O próprio Deus é quem toma a iniciativa e escolhe entrar nas nossas casas, nas nossas lutas diárias, repletas de ansiedades e, ao mesmo tempo, de desejos. É precisamente dentro das nossas cidades, das nossas escolas e universidades, das praças e dos hospitais que se cumpre o anúncio mais bonito que podemos ouvir: "Alegre-se, o Senhor está com você!". Uma alegria que gera vida e esperança, que se faz carne no modo como olhamos para o futuro e uns para os outros. Uma alegria que se torna solidariedade, hospitalidade e misericórdia para com todos.

Homilia, 25 de março de 2017

O PAPA TAMBÉM POSSUI SEUS MEDOS

Tenho medo de mim mesmo! No Evangelho, Jesus repete muitas vezes: "Não tenha medo! Não tenha medo!". E por quê? Porque Ele sabe que o medo é uma coisa normal. Temos medo da vida, trememos diante dos desafios, sentimos receio perante Deus... Todos nós temos medo, todos! Não deve se preocupar por ter medo. Deve sentir isso, mas não deve ter medo; depois, pense: "Por que motivo tenho medo?". Diante de Deus e de você mesmo, procure esclarecer a situação, ou pedir ajuda para alguém. O medo não é um bom conselheiro, porque aconselha mal. Faz com que siga um caminho que não é bom. Era por isso que Jesus dizia sempre: "Não tenha medo! Não tenha medo!". Além disso, temos o dever de nos conhecermos melhor: cada um deve conhecer a si mesmo, procurando os pontos nos quais se pode cometer mais erros, e ter um pouco de receio deles. Pois existe o medo mau e o medo bom. O medo bom é como a prudência. Trata-se de uma atitude prudente: "Olha, você é fraco nisso e naquilo; seja prudente para não cair!". O medo mau é aquele que anula e aniquila, que nos impede de fazer alguma coisa: esse medo é negativo e ele precisa ser rejeitado.

Encontro com jovens da Bélgica, 31 de março de 2014

O EVANGELHO NÃO É MAQUIAGEM!

Jesus ressuscitou! Nós o vimos!
Deixemos que essa experiência, gravada no Evangelho, também fique gravada nos nossos corações e se revele na nossa vida... Ah, se fôssemos tão luminosos! Mas não se trata de maquiagem! Vem de dentro, de um coração imerso na fonte dessa alegria, como o de Maria Madalena, que chorou pela perda do seu Senhor e não acreditou nos seus olhos quando viu que Ele tinha ressuscitado. Quem passa por essa experiência se torna testemunha da Ressurreição, porque, de algum modo, ele mesmo, ela mesma, ressuscitaram. Dessa forma, pode levar um "raio" da luz do Ressuscitado para as situações mais diversas: às felizes, tornando-as mais bonitas e preservando-as do egoísmo, e às dolorosas, levando serenidade e esperança.

Regina coeli, 21 de abril de 2014

QUANDO O DIABO CHEGA MASCARADO DE ANJO

Essa é a palavra que queria dizer a vocês: alegria! Não sejam homens e mulheres tristes, um cristão jamais pode ser triste! Não se deixem invadir pelo desânimo! A nossa alegria não nasce do fato de possuirmos muitas coisas, mas de termos encontrado uma Pessoa, Jesus, que está no meio de nós; nasce do fato de sabermos que, com Ele, nunca estamos sozinhos, mesmo nos momentos difíceis, mesmo quando no caminho da vida nos deparamos com problemas e obstáculos que parecem insuperáveis... Nesses momentos surge o inimigo, o diabo, muitas vezes disfarçado de anjo, e fala conosco de modo traiçoeiro. Não o escutem! Sigam Jesus! Nós acompanhamos e seguimos Jesus, mas sabemos, sobretudo, que Ele nos acompanha e nos carrega nas suas costas: aqui está a nossa alegria e a esperança que devemos levar para o nosso mundo. Não deixem que lhes tirem a esperança!

Homilia, 24 de março de 2013

QUANDO VIVEMOS ENTRE ARBUSTOS E DESERTOS

Quantas vezes parece que as sementes do bem e da esperança que procuramos semear acabam sufocadas pelos espinhos do egoísmo, da inimizade e da injustiça, não só ao nosso redor, mas também nos nossos corações. Ficamos preocupados com a crescente desigualdade entre ricos e pobres nas nossas sociedades. Vemos sinais de idolatria da riqueza, do poder e do prazer obtidos a um preço alto para a vida humana. Muitas das pessoas que nos rodeiam, embora apresentem grande prosperidade material, sofrem de pobreza espiritual, solidão e desespero silencioso. Quase parece que Deus foi removido desse meio; é como se um deserto espiritual estivesse se propagando em todo o mundo. Esse deserto também atinge os jovens, lhes roubando a esperança e, em muitos casos, a própria vida.

Discurso, 15 de agosto de 2014

ACOLHA O DESAFIO QUE VEM COM AS LÁGRIMAS

No mundo de hoje falta o pranto! Choram os marginalizados, os excluídos, os desprezados, mas aqueles que levam uma vida sem grandes privações, não sabem chorar. Certas realidades da vida só são realmente percebidas com os olhos limpos pelas lágrimas. Peço que se perguntem se aprenderam a chorar. Quando vejo uma criança faminta, uma criança drogada na rua, uma criança sem casa, uma criança abandonada, uma criança abusada, uma criança sendo escravizada pela sociedade, o que faço? Por acaso o meu pranto não passaria de um capricho por querer mais alguma coisa? Devemos aprender a chorar. A resposta à grande pergunta — por que sofrem as crianças? — é aprender a chorar.

No Evangelho, Jesus chorou, chorou pelo amigo morto. Chorou no Seu coração por aquela família que perdeu a filha. Chorou no Seu coração, quando viu aquela pobre mãe viúva que levava o seu filho ao cemitério. Ele se comoveu e chorou no Seu coração quando viu a multidão como ovelhas sem pastor. Se não aprender a chorar, não será um bom cristão, e esse é um desafio.

Discurso, 18 de janeiro de 2015

O CAMINHO DO FRACASSO E O CAMINHO DA REALIZAÇÃO

Quantas famílias vivem na angústia, porque um dos seus membros — frequentemente jovem — se deixou subjugar pelo álcool, pela droga, pelo jogo, pela pornografia! Quantas pessoas perderam o sentido da vida; sem perspectivas de futuro, perderam a esperança! E quantas pessoas se veem constrangidas a tal miséria por condições sociais injustas, por falta de trabalho que as priva da dignidade de poderem trazer o pão para casa, por falta de igualdade nos direitos à educação e à saúde. Nesses casos, a miséria moral pode ser considerada um princípio de suicídio. Essa forma de miséria, causada também pela ruína econômica, está sempre associada à miséria espiritual, que nos atinge quando nos afastamos de Deus e recusamos o Seu amor. Se julgamos não ter necessidade de Deus, que em Cristo nos dá a mão, porque nos consideramos autossuficientes, seguimos o caminho do fracasso. O único que verdadeiramente salva e liberta é Deus.

Mensagem para a Quaresma, 26 de dezembro de 2013

NÃO ARRISQUE A SOLIDÃO SEM SENTIDO

O grande risco do mundo atual, com sua grande oferta de consumo, é a tristeza individualista que surge do coração comodista e mesquinho, a busca desordenada por prazeres superficiais, a consciência isolada. Quando a vida interior se fecha nos próprios interesses, deixa de abrir espaço para os outros, pois já não entram os pobres, já não se ouve a voz de Deus, já não se goza da doce alegria do Seu amor, nem fervilha o entusiasmo de fazer o bem. Os fiéis também correm o risco de seguir por esse caminho, se transformando em pessoas ressentidas, queixosas, sem vida. Essa não é a escolha de uma vida digna e plena. Esse não é o desígnio que Deus tem para nós. Essa não é a vida no Espírito que jorra do coração de Cristo ressuscitado.

Evangelii gaudium, 2

O SIGNIFICADO DERRADEIRO DA SUA EXISTÊNCIA VEM DE DEUS

A primeira forma de indiferença na sociedade humana é a indiferença para com Deus, da qual deriva também a indiferença para com o próximo e a criação. Trata-se de um dos efeitos graves do falso humanismo e do materialismo prático, combinados a um pensamento relativista e niilista. O homem pensa que é o autor da sua própria vida e da sociedade, se sente autossuficiente e aspira, não só ocupar o lugar de Deus, como também O rejeita; consequentemente, pensa que não deve nada a ninguém, exceto a si mesmo, almejando ter apenas direitos.

> Mensagem para o Dia Mundial da Paz,
> 8 de dezembro de 2015

COMO ESTÁ A MINHA CONSCIÊNCIA?

A minha consciência está se tornando mais individualista ou mais solidária? Se for mais solidária, é um bom sinal, porque está indo contra a corrente, em direção ao único futuro possível. A solidariedade, não proclamada com palavras mas vivida concretamente, gera paz e esperança para todos os países e para o mundo inteiro.

> Discurso, 17 de fevereiro de 2017

AS QUARESMAS VIVIDAS DESEMBOCAM NA PÁSCOA

Há cristãos que parecem ter escolhido viver uma Quaresma sem Páscoa. Reconheço, porém, que não se vive a alegria da mesma maneira em todas as etapas e circunstâncias da vida que, às vezes, pode ser muito dura. A alegria se adapta e se transforma, mas sempre permanece como um feixe de luz que nasce da certeza pessoal de que, apesar dos pesares, somos infinitamente amados. Compreendo as pessoas que se curvam de tristeza por causa das dificuldades que precisam suportar, mas, aos poucos, é preciso permitir, mesmo no meio das piores angústias, que a alegria da fé comece a despertar com confiança.

Evangelii gaudium, 6

DEUS NÃO É INSENSÍVEL, CAIM SIM: E VOCÊ?

Caim diz que não sabe o que aconteceu ao seu irmão, diz que não é o seu guardião. Não se sente responsável pela vida de Abel, pelo seu destino. Não se sente envolvido. Apesar de estarem ligados pela origem comum, Caim é indiferente ao seu irmão. Que tristeza! Que drama fraterno, familiar, humano! Essa é a primeira manifestação da indiferença entre irmãos. Deus, ao contrário, não é indiferente: o sangue de Abel tem grande valor aos Seus olhos, exigindo, portanto que Caim explique o que aconteceu com o irmão. Assim, Deus Se revela, desde o início da humanidade, como Aquele que se interessa pelo destino do homem.

Mensagem para o Dia Mundial da Paz de 2016,
8 de dezembro de 2015

VOCÊ FAZ PARTE DA GLOBALIZAÇÃO DA INDIFERENÇA?

Deus não nos olha com indiferença; pelo contrário, cada um de nós está dentro do Seu coração, nos conhece pelo nome, cuida de nós e vai à nossa procura, quando O deixamos. Ele Se interessa por todos nós; o Seu amor impede que fique indiferente ao que nos acontece. Nós funcionamos de modo diferente. Quando estamos bem e nos sentindo confortáveis, nos esquecemos dos outros — o que Deus Pai nunca faz! —, não nos interessamos pelos problemas do próximo, nem das tribulações e injustiças que sofrem; e, assim, o nosso coração torna-se indiferente. Hoje, essa indiferença atingiu uma dimensão mundial, tanto que podemos falar de uma globalização da indiferença. Trata-se de um mal-estar que nós, como cristãos, temos obrigação de enfrentar.

Mensagem para a Quaresma, 4 de outubro de 2014

EVITE OS PARAÍSOS ARTIFICIAIS

Em uma cultura dominada pela tecnologia, as formas de tristeza e solidão em que se encontram as pessoas, inclusive muitos jovens, parecem se multiplicar. Com efeito, o futuro parece que se tornou refém da incerteza, o que não permite ter estabilidade. É assim que muitas vezes surgem sentimentos de melancolia, tristeza e tédio, que podem, pouco a pouco, levar ao desespero. Precisamos de testemunhas de esperança e de alegria verdadeira, para expulsar as quimeras que prometem uma felicidade fácil com paraísos artificiais. O vazio profundo de muitas pessoas pode ser preenchido pela esperança que trazemos no coração e pela alegria que brota dela. Precisamos reconhecer a alegria que se revela no coração tocado pela misericórdia! Por isso, guardemos como um tesouro as seguintes palavras do Apóstolo: "Alegrai-vos sempre no Senhor!" (Fl 4,4; cf. 1Ts 5,16).

Misericordia et misera, 3

NÃO TENHA MEDO DO AMOR

É na juventude que floresce a grande riqueza afetiva contida nos corações, com o desejo profundo de um amor verdadeiro, belo e grande. Quanta força há nessa capacidade de amar e de sermos amados! Não deixem que esse valor precioso seja falseado, destruído ou deturpado. Isso acontece quando, nas nossas relações, manipulamos o próximo para os nossos objetivos egoístas, às vezes usando-o como mero objeto de prazer. O coração fica ferido e triste depois dessas experiências negativas. Peço que não tenham medo do amor verdadeiro, aquele que nos ensina Jesus, e que são Paulo descreve assim: "O amor é paciente, o amor é prestativo, não é invejoso, não se ostenta, não se incha de orgulho. Nada faz de inconveniente, não procura o seu próprio interesse, não se irrita, não guarda rancor. Não se alegra com a injustiça, mas regozija com a verdade. Tudo desculpa, tudo crê, tudo espera, tudo suporta. O amor jamais passará" (1Cor 13,4-8).

Mensagem para a Jornada Mundial da Juventude,
31 de janeiro de 2015

LUTE PELA DIGNIDADE DAS PESSOAS

Não ter trabalho nem receber um salário justo, não ter uma casa ou uma terra onde habitar, ser discriminado pela fé, a raça, a posição social... essas são algumas das condições que atentam contra a dignidade da pessoa. Diante disso, a ação misericordiosa dos cristãos responde, antes de mais nada, com a vigilância e a solidariedade. É possível, hoje, restituir de tantas formas a dignidade às pessoas, dando-lhes uma vida humana. Basta pensar em tantos meninos e meninas que sofrem violências de vários tipos, tirando-lhes a alegria de viver. Os seus rostos tristes e desorientados permanecem gravados na minha mente. Pedem a nossa ajuda para serem libertados da escravidão do mundo contemporâneo. Essas crianças são os jovens de amanhã; por acaso estão sendo preparadas para viver com dignidade e responsabilidade? Com que esperança elas podem enfrentar o seu presente e o seu futuro?

Misericordia et misera, 19

VIVA A COMPAIXÃO, NÃO SE DEIXE DESENCORAJAR

O desespero leva as pessoas a fazer muitas coisas negativas. Estamos falando de quem está desanimado, que é frágil, que se sente abatido pelo peso da vida e pelo sentimento de culpa, e já não consegue mais se levantar. Nesses casos, a proximidade e o afeto de toda a Igreja devem se tornar ainda mais intensos e amorosos, assumindo a forma da compaixão, que é sinônimo de sentir pena: compaixão significa padecer com o outro, sofrer com o próximo, aproximar-se de quem sofre; uma palavra, um carinho que venha do coração, isso é compaixão. Muitos precisam de conforto e consolação e, por isso, a esperança cristã não pode renunciar à caridade genuína e concreta.

Audiência Geral, 8 de fevereiro de 2017

SEJA OS OLHOS DO CEGO E OS PÉS DO MANCO

Quantos cristãos dão testemunho — não com as palavras, mas com a sua vida consagrada a uma fé genuína — de serem "os olhos do cego" e "os pés para o coxo"! Pessoas que permanecem junto aos doentes que precisam de assistência contínua, de ajuda para se lavar, vestir e alimentar. Esse serviço, especialmente quando é prolongado, pode se tornar cansativo e pesado; é relativamente fácil servir por alguns dias, mas se torna difícil cuidar de uma pessoa durante meses ou até anos, inclusive quando ela já não é capaz de agradecer. E, no entanto, que grande caminho de santificação é esse!

Mensagem para o Dia Mundial do Doente,
3 de dezembro de 2014

PEÇA A SAÚDE, MAS TAMBÉM A PAZ DE CORAÇÃO

Na solicitude de Maria reflete-se a ternura de Deus. E a mesma ternura torna-se presente na vida das pessoas que acompanham os doentes e sabem identificar as suas necessidades, mesmo as mais sutis, porque veem com um olhar cheio de amor. Como quando uma mãe fica à cabeceira do filho doente, ou quando um filho cuida do seu pai idoso, ou um neto acompanha o avô ou a avó. Façam suas súplicas à Nossa Senhora! Para nossos familiares doentes, pedimos, em primeiro lugar, a saúde; o próprio Jesus manifestou a presença do reino de Deus precisamente através das curas. "Ide contar a João o que estais ouvindo e vendo: os cegos recuperam a vista, os coxos andam, os leprosos são purificados e os surdos ouvem, os mortos ressuscitam" (Mt 11,4-5). Mas o amor, animado pela fé, nos leva a pedir, para eles, algo maior do que a saúde física: pedimos paz e serenidade na vida que surge do coração e que é dom de Deus, fruto do Espírito Santo que o Pai nunca nega a quem Lhe pede com confiança.

Mensagem para o Dia Mundial do Doente,
15 de setembro de 2015

OS ÍDOLOS NOS AGRADAM...

Ter fé significa confiar em Deus, mas chega o momento em que, diante das dificuldades da vida, o homem sente que essa confiança é frágil e precisa ir atrás de certezas concretas. Confio em Deus, mas a situação é crítica e eu preciso de uma certeza um pouco mais concreta. Aí é que se encontra o perigo! Somos, então, tentados a procurar consolações um tanto passageiras, que parecem preencher o vazio da solidão e aliviar o cansaço da crença. Podemos pensar que vamos encontrar essa segurança no que o dinheiro pode dar, nas alianças com os poderosos, nas coisas mundanas, nas falsas ideologias. Às vezes, a procuramos em um deus que se submete aos nossos pedidos e magicamente intervém, mudando a realidade para deixá-la da forma que queremos; um ídolo que, como tal, não pode fazer nada, pois é impotente e mentiroso.

Audiência Geral, 11 de janeiro de 2017

NÃO VÁ ATRÁS DAS COISAS PASSAGEIRAS

Alguns dizem que a alegria vem das coisas que possuímos: o último modelo de *smartphone*, ou uma scooter mais veloz, o carro mais chamativo... Eu fico muito entristecido quando vejo um padre ou uma freira com o último modelo de um carro: isso não pode acontecer! Podem pensar: então, padre, devemos ir de bicicleta? Sim, é bom ir de bicicleta! O carro é necessário quando existe muito trabalho a ser feito e com muitos deslocamentos... mas usem um modelo mais simples! Se quiser um exemplar bonito, pense em quantas crianças morrem de fome. A alegria não vem das coisas que possuímos! Outros dizem que ela se origina das experiências mais extremas, quando passamos por sensações mais fortes: a juventude gosta de andar no fio da navalha! Outros gostam de usar a roupa da moda, de ir aos lugares mais badalados. Outros gostam de fazer sucesso com as moças ou com os rapazes, passando, possivelmente, de uma para outra ou de um para outro. Essa insegurança do amor não é certa, pois é o amor posto à prova.

Encontro com os seminaristas, os noviços e as noviças,
6 de julho de 2013

A ÁGUA DA SUA VIDA SE TORNA VINHO PRECIOSO

Tanto os saudáveis quanto os doentes podem oferecer o nosso trabalho e o nosso sofrimento como aquela água que encheu as vasilhas nas bodas de Caná e que foi transformada no melhor vinho. Tanto com a ajuda discreta de quem sofre, quanto na doença, carregamos, todos os dias, nas costas a cruz e seguimos o Mestre (cf. Lc 9,23); e ainda que o encontro com o sofrimento seja sempre um mistério, Jesus nos ajuda a desvendar o seu sentido. Se seguirmos o conselho que recomenda "fazei tudo o que Ele vos disser" (Jo 2,5), Jesus transformará sempre a água da nossa vida em um vinho precioso.

Mensagem para o Dia Mundial do Doente,
15 de setembro de 2015

AS PORTAS DA CONSOLAÇÃO

Se quisermos viver como consolados, é preciso abrir espaço para o Senhor em nossas vidas. E, para que o Senhor perdure em nós, é preciso abrir a porta para Ele, deixando-O entrar. As portas da consolação devem sempre ser mantidas abertas, porque Jesus gosta de entrar por elas, por meio da leitura diária do Evangelho, que deve estar sempre conosco, dada oração silenciosa e de adoração, da Confissão, da Eucaristia. Através dessas portas, o Senhor entra e dá um novo sabor às coisas. Mas, quando a porta do coração se fecha, a luz d'Ele não chega e ficamos na escuridão. Então, começamos a ver tudo com pessimismo, a perceber as coisas que estão erradas, a pensar que a realidade nunca mudará. Assim, acabamos por nos fechar na tristeza, nos subterrâneos da angústia, sozinhos dentro de nós. Mas se abrirmos as portas da consolação, a luz do Senhor entrará.

Homilia, 1º de outubro de 2016

UNA AS RAÍZES DA SUA ESPERANÇA

A esperança é dom de Deus. Devemos pedi-la. Ela se encontra no fundo do coração de todas as pessoas, para poder iluminar, com a sua luz, o presente que é muitas vezes obscurecido por situações que geram tristeza e dor. Precisamos tornar cada vez mais firmes as raízes da nossa esperança, para podermos dar fruto. Em primeiro lugar, devemos ter certeza da presença e da compaixão de Deus, não obstante o mal que tivermos realizado.

Não há nenhuma região do nosso coração que não possa ser alcançada pelo amor de Deus. Onde há uma pessoa que errou, ali se faz presente a misericórdia do Pai, suscitando arrependimento, perdão, reconciliação e paz.

Homilia, 6 de novembro de 2016

ESTÁ SOFRENDO? CONHEÇA DEUS "NÃO POR OUVIR FALAR"!

Mesmo quando a doença, a solidão e a incapacidade levam a melhor sobre a nossa vida de doação, a experiência do sofrimento pode se tornar um lugar privilegiado na transmissão da graça, além de ser uma fonte para adquirir e fortalecer a sabedoria do coração. Assim se compreende como Jó, no fim da sua experiência, pôde afirmar dirigindo-se a Deus: "Conhecia-te só de ouvido, mas agora viram-te meus olhos" (Jó 42,5). Também as pessoas imersas no mistério do sofrimento e da dor, se acolhidas na fé, podem se tornar testemunhas vivas de uma fé que permite abraçar o próprio sofrimento, ainda que o homem não seja capaz com a própria inteligência de compreender verdadeiramente a razão disso.

Mensagem para o Dia Mundial do Doente,
3 de dezembro de 2014

LUZES QUE DESLUMBRAM E LUZES QUE ILUMINAM

Na nossa vida existem diversas estrelas, luzes que brilham e orientam. Cabe a nós escolher quais seguir. Por exemplo, existem luzes intermitentes, que se apagam e se acendem, como as pequenas satisfações da vida: embora sejam boas, não são suficientes, porque duram pouco e não dão a paz que procuramos.

Depois, existem as luzes deslumbrantes da ribalta, do dinheiro e do sucesso, que prometem tudo de imediato: são sedutoras, mas, com a sua força, nos cegam e passam dos sonhos de glória para a escuridão mais densa. Os Reis Magos, ao contrário, convidam a seguir uma luz estável, uma luz suave, que não esmorece, porque não é deste mundo: provém do céu e resplandece no coração.

Essa luz verdadeira é a luz do Senhor, ou melhor, é o próprio Senhor. Ele é a nossa luz, uma luz que não ofusca, mas que acompanha e dá uma alegria única.

Angelus, 6 de janeiro de 2017

SE VOCÊ COMPARTILHA APENAS AS MIGALHAS, NÃO ACABA COM A FOME

É simples doar uma parte dos lucros, sem abraçar nem tocar as pessoas que recebem aquelas "migalhas". Até mesmo cinco pães e dois peixes podem alimentar multidões, se forem a partilha da nossa vida inteira.

Segundo a lógica do Evangelho, se não se dá tudo, nunca se doa o suficiente.

Discurso, 4 de fevereiro de 2017

NENHUM SÁBIO SE FECHA EM SI MESMO

A sabedoria do coração é sair de si mesmo para encontrar o irmão. Às vezes, o nosso mundo esquece o valor especial do tempo passado ao lado de um doente, porque, obcecados pela rapidez, pela agitação do fazer e do produzir, a dimensão da gratuidade, da prestação de cuidados e da dedicação para com o outro é negligenciada. No fundo, por trás dessa atitude, muitas vezes há uma fé morna, que esqueceu a palavra do Senhor que diz: "foi a mim que o deixastes de fazer" (Mt 25,40).

Mensagem para o Dia Mundial do Doente,
3 de dezembro de 2014

SEMELHANTE A DEUS OU AOS ÍDOLOS "QUE NÃO FALAM"?

O Salmo 135 diz que: "Os ídolos das nações são de prata e ouro, obras de mãos humanas: têm boca, mas não falam; têm olhos, mas não veem; têm ouvidos, mas não ouvem; não há um sopro sequer em sua boca. Os que os fazem ficam como eles, todos aqueles que neles confiam" (Sl 135,15-18)

O salmista nos apresenta, de maneira um pouco irônica, a realidade absolutamente efêmera desses ídolos. E devemos compreender que não se trata só de representações feitas de metal ou de outro material, mas também das que são construídas com a nossa mente, quando confiamos em realidades limitadas que transformamos em absolutas, ou quando reduzimos Deus aos nossos esquemas e às nossas ideias de divindade: um deus que se parece conosco, compreensível, previsível, precisamente como os ídolos dos quais fala o Salmo. O homem, imagem de Deus, fabrica para si mesmo um deus à sua própria imagem; é, inclusive, uma imagem mal feita: não ouve, não age e, sobretudo, não pode falar. Há pessoas que ficam mais contentes em ir ter com os ídolos do que com o Senhor.

A mensagem do Salmo é muito clara: se pusermos a esperança nos ídolos, nos tornamos como eles, imagens vazias com mãos que não tocam, pés que não caminham, lábios que não podem falar. Não temos mais nada a dizer, nos tornamos incapazes de ajudar, de mudar as coisas, de sorrir, de nos doarmos, de amar. Nós também, homens de Igreja, corremos esse risco quando nos "mundanizamos". Precisamos estar no mundo, mas temos que nos defender das ilusões do mundo, que são esses ídolos que mencionei. Eis a maravilhosa realidade da esperança: se confiarmos no Senhor, nos tornamos como Ele.

Audiência Geral, 11 de janeiro de 2017

NOSSAS OBSESSÕES

Nós nos afastamos do amor de Deus quando buscamos bens terrenos e riquezas, manifestando um amor exagerado para essas realidades.

Jesus diz que esta busca exaustiva é ilusória, além de causar infelicidade. Por isso, dá aos seus discípulos uma regra de vida fundamental: "Buscai, em primeiro lugar, o Reino de Deus" (Mt 6,33). Trata-se de realizar o projeto que Jesus anunciou no sermão da montanha, confiando em Deus que não desilude; de se preocupar como administradores fiéis dos bens que Ele nos concedeu, inclusive os terrenos, mas sem exageros, como se tudo, até a nossa salvação, dependesse apenas de nós. Essa atitude evangélica exige uma escolha clara, indicada nesse trecho bíblico: "Não podeis servir a Deus e ao Dinheiro" (Mt 6,24). Ou o Senhor, ou os ídolos fascinantes, mas ilusórios. Essa escolha que somos chamados a fazer repercute depois em muitas das nossas ações, projetos e compromissos. É uma escolha a ser feita continuamente de modo claro e renovado, porque as tentações de reduzir tudo a dinheiro, prazer e poder são insistentes.

Angelus, 26 de fevereiro de 2017

VOCÊ QUE É IMPORTANTE OU A SUA BELEZA?

À esperança em um Senhor da vida que, com a sua Palavra, criou o mundo e conduz as nossas existências contrapõe-se a confiança em simulacros mudos. Quando as ideologias, com sua pretensão ao absoluto; as riquezas, o poder e o sucesso; a vaidade, com a sua ilusão de eternidade e de onipotência; e valores como a beleza física e a saúde se tornam ídolos aos quais sacrifica tudo, essas realidades confundem a mente e o coração e, em vez de favorecer a vida, conduzem à morte. Faz mal à alma ouvir aquilo que escutei uma vez, há anos, na diocese de Buenos Aires: uma mulher bondosa, muito bonita, gabava-se da sua beleza, e comentou, como se fosse muito natural: "Ah, sim, tive que abortar porque o meu corpo é muito importante". Estes são os ídolos que levam para o caminho errado e não trazem a felicidade.

Audiência Geral, 11 de janeiro de 2017

NÃO CONFIE NA SEGURANÇA QUE OFERECEM OS VIDENTES

Certa vez, em Buenos Aires, tive que andar de uma igreja para outra, e fiz o trajeto a pé. Há um parque no meio, lá havia muitas mesinhas, onde estavam sentados videntes. Havia tantas pessoas que elas faziam fila. Essas pessoas entregavam a mão ao vidente e a conversa era sempre a mesma: há uma mulher na sua vida, há uma sombra que vem, mas tudo vai correr bem... E depois, as pessoas pagavam. Isso dá segurança? É a segurança de uma estupidez — com o perdão da palavra. Ir até um vidente que lê as cartas é ir até um ídolo! E quando nos afeiçoamos a ele, compramos falsas esperanças.

Audiência Geral, 11 de janeiro de 2017

QUEM É CORRUPTO, NÃO É FELIZ HOJE, NEM SERÁ NO FUTURO

Penso em quantos vivem do tráfico de pessoas e do trabalho escravo; pensem naqueles que traficam pessoas, que exploram o próximo com o trabalho escravo, vocês acham que eles têm o amor de Deus no coração? Não, não têm temor de Deus e não são felizes. Penso naqueles que fabricam armas para fomentar as guerras; mas que profissão é essa! Os fabricantes de armas não ouvem a Palavra de Deus! Eles fabricam a morte, são mercadores da morte, fazem da morte mercadoria. Que o temor de Deus os leve a compreender que um dia tudo acaba e que deverão prestar contas a Deus.

Audiência Geral, 11 de junho de 2014

ELE SABE MAIS DO QUE NÓS...

Pedimos ao Senhor vida, saúde, afetos, felicidade. É justo fazer isso, mas sabendo que Deus sabe trazer vida até na morte; que é possível experimentar a paz, inclusive na doença; e que até na solidão pode haver serenidade, e bem-aventurança, no pranto. Não somos nós que podemos ensinar a Deus o que Ele deve fazer, mostrar o que precisamos. Ele sabe melhor do que nós, e devemos ter confiança porque os seus caminhos e os seus pensamentos são diferentes dos nossos.

Audiência Geral, 25 de janeiro de 2017

O FERMENTO NATURAL E O EVANGELHO MOFADO

Quando não havia geladeiras para conservar o fermento natural usado no pão, era oferecido à vizinha um pouco da própria massa fermentada, e quando era necessário voltar a fazer o pão, essa mesma mulher, que já tinha recebido uma vez, fornecia um pouco de massa levedada. Isso se chama reciprocidade. A comunhão não é somente divisão, mas também multiplicação dos bens, criação de um novo pão, de novos bens, de um renovado Bem com a letra maiúscula. O princípio vivo do Evangelho só permanece ativo se o oferecermos, porque é amor, e o amor é concreto quando nós amamos, não quando escrevemos romances, nem quando assistimos a novelas. Se o guardamos para nós mesmos, com ciúmes, ele mofa e morre. E o Evangelho pode mofar. A economia da comunhão terá um futuro se for comunicada a todos, se ela não permanecer apenas dentro da sua "casa". Ela deve ser oferecida a todos: em primeiro lugar, aos pobres e aos jovens, que são os que mais precisam dela e mais sabem fazer frutificar o dom recebido! Para ter vida em abundância, é necessário aprender a doar: não apenas o lucro das empresas, mas doar a si mesmos. O primeiro dom do empresário é a sua própria pessoa; a despeito de ser importante, o dinheiro é ainda muito pouco.

Discurso, 4 de fevereiro de 2017

SEJA MISSIONÁRIO DA ALEGRIA
TAMBÉM NOS MOMENTOS DE FADIGA

São Paulo indica as condições para sermos "missionários da alegria": pregar com perseverança, dar sempre graças a Deus, obedecer ao seu Espírito, procurar o bem e evitar o mal (cf. 1Ts 5,17-22). Se esse for o nosso estilo de vida, então a Boa-Nova poderá entrar em muitas casas e ajudar as pessoas e as famílias a redescobrir que em Jesus está a salvação. É possível encontrar n'Ele a paz interior e a força para enfrentar todos os dias as várias situações da vida, inclusive as mais pesadas e difíceis. Nunca se ouviu falar de um santo triste ou de uma santa com a cara de enterro. Seria um absurdo. O cristão é uma pessoa que tem o coração repleto de paz, porque sabe por a sua alegria no Senhor também quando atravessa os momentos difíceis da vida. Ter fé não significa não ter momentos difíceis, mas ter força para enfrentá-los sabendo que não estamos sozinhos. Essa é a paz que Deus concede aos Seus filhos.

Angelus, 14 de dezembro de 2014

Dos erros ao perdão

É positivo o diálogo com os próprios erros,
porque aprendemos com eles.
Encontro, 31 de março de 2014

COMO GOSTARIA DE SER SALVO?

Como gostaria de ser salvo? Ao modo de uma espiritualidade que é boa, que me faz bem, mas que é fixa, que tem tudo claro e não possui riscos? Ou ao modo divino, ou seja, por um caminho de Jesus, que sempre nos surpreende, que sempre nos abre as portas aos mistérios da onipotência de Deus, que é a misericórdia e o perdão?

Meditação na capela da Catedral de Santa Marta,
3 de outubro de 2014

COM MEUS ERROS, APRENDO

Na Bíblia, no Livro da Sabedoria, se afirma que o homem mais justo erra sete vezes por dia... para dizer que todos nós erramos... Dizem que o homem é o único animal que cai duas vezes no mesmo lugar, porque não aprende imediatamente com seus erros. Alguém pode dizer que não errou, o que leva à vaidade, à soberba, ao orgulho... Na minha opinião, os erros são grandes mestres na vida, pois nos ensinam muito! Acabam por nos humilhar também, para nos colocar no nosso devido lugar quando nos sentimos como super--homens ou supermulheres. Não diria que aprendi com todos os meus erros, porque sou teimoso, e não é fácil aprender, mas aprendi com alguns deles. Isso me fez bem! Inclusive, é importante reconhecer os nossos erros, para não voltarmos a cometê-los, caindo no mesmo lugar...

Encontro com jovens da Bélgica, 31 de março de 2014

JESUS PERDOA COM UM AFAGO

Deus perdoa não com um decreto, mas com uma carícia. Jesus está acima das leis e perdoa afagando as feridas dos nossos pecados. Quantos de nós, no entanto, mereceriam ser condenados! Mas Ele perdoa, com essa misericórdia que não anula o pecado, pois é o perdão de Deus que o anula, enquanto a misericórdia vai além.

É como o céu: quando o observamos à noite, há muitas estrelas, mas ao chegar o sol da manhã, com tanta luz, as estrelas não estão mais visíveis. Assim é a misericórdia de Deus: uma grande luz de amor, de ternura.

Deus perdoa não com um decreto, mas com um afago, acariciando as nossas feridas do pecado, porque ele está envolvido no perdão e na nossa salvação.

Jesus é o confessor. Não humilha a mulher adúltera, não pergunta a ela o que fez, nem quando, nem como; Ele diz a ela que vá e não peque mais. Pois grande é a misericórdia de Deus, grande é a misericórdia de Jesus, que perdoam afagando.

Meditação na capela da Catedral de Santa Marta,
7 de abril de 2014

A FÉ NÃO FAZ O MAL DESAPARECER,
MAS OFERECE UMA CHAVE PARA O BEM

A doença, ainda mais se for grave, põe em crise a existência humana, nos levando a questionamentos importantes. Em um primeiro momento, podemos ficar revoltados com a situação: por que isso está acontecendo comigo? Ficamos desesperados, pensando que tudo está perdido, que nada mais faz sentido... Nessas situações, a fé em Deus se, por um lado, é posta à prova, por outro, revela toda a sua força positiva; não porque faça desaparecer a doença, a dor ou os questionamentos, mas por nos oferecer uma chave para descobrirmos o sentido mais profundo do que estamos vivendo; uma chave que nos ajuda a ver como a doença pode ser o caminho para chegar a uma proximidade mais estreita com Jesus, que caminha ao nosso lado, carregando a cruz.

Mensagem para o Dia Mundial do Doente,
15 de setembro de 2015

ALEGRIA PARA A ADÚLTERA E A PECADORA

Quanta alegria surgiu no coração da mulher adúltera (cf. Jo 8,1-11) e da pecadora (cf. Lc 7,36-50)! O perdão fez com que se sentissem, finalmente, livres e felizes. As lágrimas da vergonha e do sofrimento se transformaram no sorriso de quem sabe que é amado. A misericórdia suscita alegria, porque o coração se abre à esperança de uma vida nova. A alegria do perdão é indescritível, mas transparece em nós sempre que a experimentamos. Na sua origem, está o amor com que Deus vem ao nosso encontro, rompendo o círculo de egoísmo que nos envolve, para fazer também de nós instrumentos de misericórdia.

Misericordia et misera, 3

LEVANTE-SE, CORAGEM!

Assim dizia Isaías, profetizando esse júbilo a Jerusalém: "Põe-te em pé, resplandece". Podemos aceitar esse convite no início de cada dia: Põe-te em pé, eis a sua luz, seguindo a estrela resplandecente de Jesus, no meio das numerosas estrelas cadentes! Seguindo essa estrela, teremos a alegria, como aconteceu com os Reis Magos que, ao ver aquela estrela, "alegraram-se imensamente" (Mt 2,10), pois onde há Deus, há alegria. Quem encontrou Jesus, experimentou o milagre da luz que rasga as trevas e conheceu essa luz que ilumina e esclarece. Gostaria de convidá-los a não ter medo dessa luz e de se abrir para o Senhor. E digo para quem está cansado e perdeu a força de procurar, para quem, oprimido pela escuridão da vida, apagou o desejo: levante-se, ânimo; a luz de Jesus sabe vencer as trevas mais escuras; levante-se, coragem!

Angelus, 6 de janeiro de 2017

MELHOR ENRUBESCER DO QUE EMPALIDECER

Não devemos nos cansar de pedir perdão. Podemos ter vergonha de confessar nossos pecados, mas nossas mães e avós já diziam que é melhor enrubescer uma vez do que empalidecer mil vezes. Enrubescemos uma vez, mas os pecados nos são perdoados e seguimos adiante.

Audiência Geral, 20 de novembro de 2013

QUANDO JESUS CHORA?

Jesus chora quando vê o drama da resistência que vivemos. Chorou frente ao túmulo de Lázaro; chorou observando Jerusalém e dizendo: "Jerusalém, Jerusalém, que matas os profetas e apedrejas os que te são enviados, quantas vezes quis eu ajuntar os teus filhos como a galinha recolhe os seus pintinhos debaixo das suas asas!" (Mt 23,37) E chora também diante do drama de não aceitar a salvação, como o Pai gostaria.

Meditação na capela da Catedral de Santa Marta,
3 de outubro de 2014

TODOS COMETEMOS ERROS, TODOS PODEMOS MUDAR

Todos nós podemos errar, e, de uma forma ou de outra, erramos. A hipocrisia faz com que não se pense na possibilidade de mudar de vida: há pouca confiança na reabilitação, na reinserção na sociedade. Assim, nos esquecemos de que somos todos pecadores e, muitas vezes, sem perceber, também somos prisioneiros. Quando se permanece fechado nos próprios preconceitos, ou se é escravo dos ídolos de uma falsa ideia de bem-estar, quando funcionamos dentro de esquemas ideológicos ou das leis absolutas do mercado que esmagam as pessoas, na realidade criamos limites para viver dentro das paredes estreitas da cela do individualismo e da autossuficiência, privados da verdade que gera a liberdade. Apontar o dedo contra alguém que errou não pode se tornar um álibi para esconder as nossas próprias contradições.

De fato, sabemos que, diante de Deus, ninguém pode se considerar justo (cf. Rm 2,1-11). Mas ninguém pode viver sem a certeza de encontrar o perdão.

Homilia, 6 de novembro de 2016

NÃO CAMINHE NAS TREVAS DE QUEM MENTE PARA SI MESMO

O que significa caminhar nas trevas? Todos nós possuímos uma escuridão em nossa vida, são momentos em que tudo, na nossa própria consciência, fica escuro, não? Andar nas trevas significa estar satisfeito consigo mesmo, estar convencido de que a salvação não é necessária. Essas são as trevas! Quando alguém continua nesse caminho, não é fácil retornar. Por isso João (cf. 1Jo 1,5-7; 2,1-11) continuou, ainda que esse modo de pensar tenha feito com que refletisse: "Se dissermos que estamos em comunhão com Ele e andamos nas trevas, mentimos e não praticamos a verdade". Observem os seus pecados, os nossos pecados, pois somos todos pecadores. Esse é o ponto de partida!

Mas se confessamos os nossos pecados, Ele é fiel e justo, tanto para nos perdoar quanto para nos purificar de qualquer iniquidade... Quando o Senhor nos perdoa, faz justiça: justiça a Si mesmo, porque Ele veio nos salvar. "Sou o seu salvador", e nos acolhe...

"Como um pai é compassivo com seus filhos, Ele é compassivo com aqueles que o temem" (cf. Sl 103,13), com aqueles que vão a Ele. A ternura do Senhor. Ele nos compreende sempre e também nos deixa falar: Ele sabe tudo. "Esteja tranquilo, vá em paz", a paz que somente Ele dá.

Meditação na capela da Catedral de Santa Marta,
29 de abril de 2013

O VERDADEIRO CAMPO DE BATALHA É O SEU CORAÇÃO

Jesus também viveu em tempos de violência. Ensinou que o verdadeiro campo de batalha, onde se confrontam a violência e a paz, é o coração humano: "Com efeito, é de dentro dos corações dos homens que saem as intenções malignas" (Mc 7,21). Diante dessa realidade, a resposta que oferece a mensagem de Cristo é radicalmente positiva: Ele pregou incansavelmente o amor incondicional de Deus, que acolhe e perdoa, e ensinou os seus discípulos a amar os inimigos (cf. Mt 5,44) e a oferecer a outra face (cf. Mt 5,39). Quando impediu aqueles que acusavam a adúltera de apedrejá-la (cf. Jo 8,1-11) e quando, na noite antes de morrer, disse a Pedro para repor a espada na bainha (cf. Mt 26,52), Jesus traçou o caminho da não violência que percorreu até o fim, até a cruz, tendo assim estabelecido a paz e destruído a hostilidade (cf. Ef 2,14-16). Por isso, quem acolhe a Boa-Nova de Jesus sabe reconhecer a violência que carrega dentro de si e se deixa curar pela misericórdia de Deus, se tornando assim, por sua vez, instrumento de reconciliação, como exortava são Francisco de Assis: "A paz que anunciais com os lábios, conservai-a ainda mais abundante nos vossos corações!".

Mensagem para o Dia Mundial da Paz,
8 de dezembro de 2016

A ÁGUA PARADA APODRECE

Sabemos que quando a água fica parada, ela apodrece. Há um ditado espanhol que diz: "A água parada é a primeira que se corrompe". Não fiquem parados. Devemos caminhar, dar um passo por dia, com a ajuda do Senhor. Deus é Pai, é misericórdia, nos amas sempre. Se O procuramos, Ele nos acolhe e nos perdoa. Ele não se cansa de perdoar. Ele faz com que nos levantemos e nos restitui plenamente a nossa dignidade. Deus tem memória, não Se esquece de nós, sempre Se lembra. Um trecho da Bíblia, do profeta Isaías, diz: "Por acaso uma mulher se esquecerá da sua criancinha de peito? Não se compadecerá ela do filho do seu ventre? Ainda que as mulheres se esquecessem eu não me esqueceria de ti" (Is 49,15). É verdade: Deus pensa em mim, Se lembra de mim. Estou na memória de Deus.

Discurso, 5 de julho de 2014

A INFELICIDADE DOS VINGATIVOS

Se vivermos segundo a lei do "olho por olho, dente por dente", jamais sairemos da espiral do mal. O Maligno é astuto e nos ilude, pois achamos que com a nossa justiça humana podemos salvar a nós mesmos e o mundo. Na realidade, só a justiça de Deus pode nos salvar! E a justiça de Deus foi revelada na Cruz: a Cruz é o juízo de Deus sobre todos nós e sobre este mundo. Mas como Deus nos julga? Dando a vida por nós! Esse é o gesto supremo de justiça que derrotou de uma vez por todas o príncipe deste mundo; e esse gesto supremo de justiça também é, precisamente, o gesto supremo de misericórdia. Jesus chama todos nós a seguir esse caminho: "Sede misericordiosos como o vosso Pai é misericordioso" (Lc 6,36). Ao pensarmos em uma pessoa com quem não estamos com uma relação boa, com quem estamos irritados, ou de quem não gostamos, devemos orar por ela, devemos ser misericordiosos para com ela.

Angelus, 15 de setembro de 2013

O INIMIGO É TAMBÉM UMA PESSOA HUMANA

"Amai os vossos inimigos e rezai pelos que vos perseguem" (Mt 5,44). Isso não é fácil. Essa palavra não deve ser interpretada como aprovação do mal praticado pelo inimigo, mas como convite a uma perspectiva superior, a uma perspectiva magnânima, semelhante à do Pai celeste, quem — diz Jesus — "faz nascer o seu sol igualmente sobre maus e bons e cair a chuva sobre justos e injustos" (Mt 5,45). Pois o inimigo também é uma pessoa humana, criada como tal à imagem de Deus, mesmo se atualmente essa imagem seja ofuscada por um comportamento indigno.

Quando falamos de "inimigos", não devemos pensar apenas em determinadas pessoas, que estão distantes de nós, mas também em nós mesmos, pois podemos entrar em conflito com o nosso próximo, inclusive com nossos familiares. Inimigos são também aqueles que falam mal de nós, que nos caluniam e são injustos conosco. Isso não é fácil de digerir. Devemos responder a todas essas pessoas com o bem, uma vez que o bem também tem as suas estratégias, inspiradas pelo amor.

Angelus, 19 de fevereiro de 2017

TENHA CORAGEM, ATRAVESSE A PORTA ESTREITA!

Todos estão convidados a cruzar a porta da fé, a entrar na vida do Senhor e a fazê-Lo entrar na nossa vida, para que Ele a transforme, renove e traga alegria plena e duradoura.

Passamos diante de muitas portas, nos dias de hoje, que são convidativas, prometendo uma felicidade efêmera, que se esgota em si mesma e não tem futuro. Por qual porta querem entrar? Quem vão deixar entrar na sua vida? Não tenham medo de passar pela porta da fé em Jesus, de deixar que Ele participe cada vez mais de suas vidas, de deixar para trás os egoísmos, limites e as indiferenças em relação ao próximo. Porque Jesus ilumina a nossa vida com uma luz que jamais se apaga. Não é um fogo de artifício, nem um flash! É uma luz suave, que dura para sempre e nos dá paz. Essa é a luz que encontraremos, se entrarmos pela porta de Jesus. Sem dúvida, a porta de Jesus é estreita, não porque seja uma sala de tortura, mas porque pede para abrirmos o nosso coração a Ele; para nos reconhecermos como pecadores, necessitados da Sua salvação, do Seu perdão e do Seu amor; para termos a humildade de acolher a Sua misericórdia e sermos renovados por Ele.

Angelus, 25 de agosto de 2013

NÃO REPREENDA O OUTRO, MOSTRE QUE É VALIOSO

Por vezes, procuramos corrigir ou converter um pecador repreendendo-o, criticando os seus erros e o seu comportamento injusto. A atitude de Jesus para com Zaqueu indica outro caminho: mostrar a quem erra o seu próprio valor, aquele valor que Deus continua a ver, apesar de todas as nossas faltas. Essa ação pode provocar uma surpresa positiva, que enternece o coração e impele a pessoa a encontrar o bem que tem dentro de si.

É criando confiança nas pessoas que fazemos com que cresçam e mudem. Deus se comporta dessa maneira com todos nós: o nosso pecado não O bloqueia, pois Ele supera os obstáculos com Seu amor e nos faz sentir falta do bem. Depois de cometer um erro, todos sentimos falta. Assim faz o nosso Deus Pai, assim faz Jesus. Não existe uma pessoa que não tenha algo de bom. E Deus olha para isso, para tirar do mal.

Angelus, 30 de outubro de 2016

CADA UM DE NÓS CARREGA A RIQUEZA E O PESO DA PRÓPRIA HISTÓRIA

Não podemos esquecer que cada um carrega a riqueza e o peso da sua própria história, que nos distingue de qualquer outra pessoa.

A nossa vida, com as suas alegrias e os seus sofrimentos, é única e singular, e se desenrola sob o olhar misericordioso de Deus. Isso requer, sobretudo por parte do sacerdote, um discernimento espiritual atento, profundo e clarividente, para que toda a pessoa, sem exceção, em qualquer situação que viva, possa se sentir acolhida por Deus, participar ativamente na vida da comunidade e estar inserida em meio ao Povo de Deus que caminha incansavelmente para a plenitude do reino de Deus, reino de justiça, de amor, de perdão e de misericórdia.

Misericordia et misera, 14

COMO VOCÊ VÊ O CAMINHO DA SUA SALVAÇÃO?

Como imagino que seja o caminho da salvação: o de Jesus ou de um outro? Eu sou livre para aceitar a salvação, ou confundo liberdade com autonomia e desejo a minha salvação, aquela que creio ser a justa? Acredito que Jesus seja o professor que nos ensina a salvação ou me volto para gurus que me ensinam outras coisas? Escolho um caminho mais seguro ou me escondo sob o teto dos códigos e dos mandamentos feitos pelos homens? E então me sinto seguro e com essa segurança compro a minha salvação, que Jesus oferece gratuitamente?

Meditação na capela da Catedral de Santa Marta,
3 de outubro de 2014

SEJA CORAJOSO, VÁ À CONFISSÃO!

Até a vergonha faz bem, porque nos torna mais humildes, e o sacerdote recebe com amor e com ternura essa confissão e, em nome de Deus, perdoa. Até do ponto de vista humano, para desabafar, é bom falar com o irmão e dizer ao sacerdote essas coisas, que pesam muito no nosso coração. E assim sentimos que desabafamos diante de Deus, com a Igreja e com o irmão. Não tenham medo da confissão! Quando estamos em fila para nos confessarmos, sentimos vergonha, mas depois, quando termina a confissão, nos sentimos livres, grandes, bons, perdoados, puros e felizes. Essa é a beleza da confissão! Gostaria de perguntar: quando foi a sua última confissão? Caso tenha passado muito tempo, não perca tempo e vá, pois o sacerdote será bom. É Jesus quem está presente ali, e é mais bondoso que os sacerdotes. Jesus receberá você com muito amor. Seja corajoso e vá se confessar!

Audiência Geral, 19 de fevereiro de 2014

O REBANHO E O LOBO

Jesus sai de um julgamento injusto, de um interrogatório cruel e fixa os olhos em Pedro, e Pedro chora. Nós pedimos a Ele que nos olhe, que nos deixemos olhar e possamos chorar, e que nos dê a graça da vergonha, para podermos — como fez Pedro, quarenta dias mais tarde — responder: "Tu sabes que te amo", e ouvir a Sua voz: "Apascenta as minhas ovelhas" (Jo 21,16) e — acrescento — "não permita que nenhum lobo entre no rebanho".

Meditação na capela da Catedral de Santa Marta,
7 de julho de 2014

O cêntuplo e a eternidade

Quando o cristão é autêntico, nunca perde a sua paz.
Homilia, 14 de dezembro de 2014

TENHO MEDO DE VER A MORTE CHEGAR...

Cada vez que nos encontramos diante da nossa morte, ou da de uma pessoa querida, sentimos que a nossa fé é posta à prova. Revelam-se todas as nossas dúvidas, toda a nossa fragilidade, e nos questionamos: "Mas, realmente, haverá vida depois da morte...? Ainda poderei ver e abraçar de novo as pessoas que amei...?".

Nós temos a necessidade de voltar às origens e aos fundamentos da nossa fé, de maneira a adquirir a consciência sobre o que Deus fez por nós em Jesus Cristo e o que significa a nossa morte. Todos nós temos um pouco de medo da incerteza que a morte traz. Recordo agora um velhinho, um idoso bom que dizia: "Não temo a morte. Mas tenho um pouco de medo de vê-la se aproximando".

Audiência Geral, 1º de fevereiro de 2017

SOMOS HERDEIROS DE GRANDES SONHOS

O cântico de Simeão é o cântico do fiel que, na reta final dos seus dias, pode afirmar: "E a esperança não decepciona" (cf. Rm 5,5); Ele não está errado. Na sua velhice, Simeão e Ana são capazes de uma nova fecundidade e dão testemunho disso cantando: a vida merece ser vivida com esperança, porque o Senhor mantém a sua promessa; e será o próprio Jesus que explicará, mais tarde, essa promessa na sinagoga de Nazaré: os doentes, os cativos, os abandonados, os pobres, os anciãos, os pecadores... também eles são convidados a entoar o mesmo cântico de esperança, ou seja, que Jesus está com eles, está conosco (cf. Lc 4,18-19).

Recebemos esse cântico de esperança como herança dos nossos pais. Eles nos introduziram nessa "dinâmica". Nos seus rostos, nas suas vidas, na sua dedicação diária e constante, pudemos ver como este louvor se fez carne. Somos herdeiros dos sonhos dos nossos pais, herdeiros da esperança que não decepcionou as nossas mães e os nossos pais fundadores, os nossos irmãos mais velhos. Somos herdeiros dos nossos anciãos que tiveram a coragem de sonhar; e, como eles, hoje nós também queremos cantar: Deus não engana, a esperança n'Ele não decepciona. Deus vem ao encontro do seu povo.

Homilia, 2 de fevereiro de 2017

O DESAFIO DA ÚLTIMA PASSAGEM

O momento da morte é extremamente importante. A Igreja sempre viveu essa passagem dramática à luz da ressurreição de Jesus Cristo, que abriu a estrada para a certeza da vida futura. Esse é um grande desafio que temos que encarar, especialmente na cultura contemporânea que, muitas vezes, tende a banalizar a morte reduzindo-a à simples ficção ou a ocultá-la. Ao contrário, a morte precisa ser enfrentada e vista como uma passagem que, embora dolorosa e inevitável, é cheia de sentido: o ato extremo de amor para com as pessoas que deixam este mundo e vão ao encontro de Deus. Em todas as religiões, o momento da morte — como, aliás, o do nascimento — é acompanhado por uma presença religiosa. Nós vivemos a experiência das exéquias como uma oração cheia de esperança para a alma da pessoa falecida e para dar consolação àqueles que sofrem a separação da pessoa amada.

Misericordia et misera, 15

TODOS VIVEREMOS UM OCASO. COMO SERÁ O SEU?

A esperança é um pouco como o fermento, pois faz dilatar a alma; existem momentos difíceis na vida, mas, com a esperança, a alma vai adiante e vislumbra o que nos espera. Hoje é um dia de esperança. Os nossos irmãos e irmãs se encontram na presença de Deus, e nós também estaremos ali, por pura graça do Senhor, se percorrermos o caminho de Jesus. O apóstolo João conclui: "Todo o que nele tem esta esperança, purifica-se a si mesmo como também ele é puro" (1Jo 3,3). A esperança também nos purifica e alivia; essa purificação na esperança em Jesus Cristo nos leva a caminhar depressa, com prontidão. Diante disso, cada um de nós pode pensar no ocaso da sua própria vida: "Como será o meu ocaso?". Todos nós teremos um declínio, todos! Encaro-o com esperança? Com aquela alegria de ser acolhido pelo Senhor? Trata-se de um pensamento cristão que nos incute paz. Hoje é um dia de alegria, mas de um júbilo calmo, tranquilo, da alegria da paz. Pensemos no crepúsculo de numerosos irmãos e irmãs que nos precederam, pensemos sobre o nosso ocaso, quando ele chegar. Ponderemos no nosso coração, e nos perguntemos: "Onde está ancorado o meu coração?". Se não estiver bem ancorado, que o ancoremos ali, naquela margem, conscientes de que a esperança nunca decepciona, porque o Senhor Jesus nunca decepciona.

Homilia, 1º de novembro de 2013

ATENÇÃO! NA ETERNIDADE
NÃO LEVARÁ PODER NEM ORGULHO

Quando uma pessoa vive no mal, quando blasfema contra Deus, quando explora o próximo, quando o tiraniza, quando vive só para o dinheiro, a vaidade, o poder ou o orgulho, então o temor de Deus nos alerta: atenção! Com todo esse poder, com todo esse dinheiro, com todo o seu orgulho, com toda a sua vaidade não será feliz! Ninguém consegue levar consigo para o além o dinheiro, o poder, a vaidade ou o orgulho. Nada! Só podemos levar o amor que Deus Pai nos concede, os afagos de Deus, que foram aceitos e recebidos por nós com amor. E podemos levar aquilo que fizermos pelo próximo. Fiquemos atentos a não pôr a esperança no dinheiro, no orgulho, no poder e na vaidade, pois tudo isso não nos promete nada de bom!

Audiência Geral, 11 de junho de 2014

VAIDADE DAS VAIDADES

Os jovens são particularmente sensíveis ao vazio de significado e de valores que muitas vezes os circundam. E, infelizmente, pagam pelas consequências disso. Ao contrário, o encontro com Jesus vivo, na sua grande família que é a Igreja, enche o coração de alegria, porque o torna repleto de vida verdadeira, de um bem profundo, que não é passageiro nem apodrece. Mas essa experiência deve enfrentar a vaidade cotidiana, aquele veneno do vazio que se insinua nas nossas sociedades fundamentadas no lucro e na posse, que iludem os jovens com o consumismo. O Evangelho nos recorda precisamente o absurdo de basear a própria felicidade na posse. O rico diz a si mesmo: "'Minha alma, tens uma quantidade de bens em reserva para muitos anos; repousa, come, bebe e regala-te!'. Mas Deus lhe diz: 'Insensato, nessa mesma noite ser-te-á reclamada a alma. E as coisas que acumulaste, de quem serão?'" (cf. Lc 12,19-20). Caros irmãos e irmãs, a verdadeira riqueza é o amor de Deus compartilhado com os irmãos. Aquele amor que vem de Deus e que nos leva a compartilhá-lo entre nós e a nos ajudar uns aos outros. Quem o experimenta não tem medo da morte e recebe a paz do coração.

Angelus, 4 de agosto de 2013

O QUE É O REINO DOS CÉUS?

Mas o que é o Reino de Deus, o Reino dos céus? São sinônimos. Nós pensamos imediatamente em algo que diz respeito ao além: a vida eterna. Isso é verdade, o reino de Deus se prolonga infinitamente, para além da vida terrena, mas a Boa-Nova que Jesus nos traz — e que João antecipa — é que não devemos esperar o reino de Deus no futuro, pois ele já está presente e podemos experimentar desde já a sua força espiritual. "O Reino de Deus está no meio de vós!" dirá Jesus (Lc 17,21). Deus vem para estabelecer o seu domínio na nossa história, no hoje de todos os dias, na nossa vida; e onde for acolhida com fé e humildade germinarão o amor, a alegria e a paz.

Angelus, 4 de dezembro de 2016

SEREMOS SIMILARES AOS ANJOS

Neste mundo, vivemos de realidades provisórias, que têm um fim; no além, ao contrário, depois da ressurreição, já não teremos a morte como horizonte e viveremos tudo, inclusive os vínculos humanos, na dimensão de Deus, de modo transfigurado. O casamento, por exemplo, sinal e instrumento do amor de Deus neste mundo, resplandecerá transformado em plena luz na comunhão gloriosa dos santos no Paraíso.

Os "filhos do céu e da ressurreição" não são poucos privilegiados, mas são todos os homens e todas as mulheres, porque a salvação que Jesus trouxe é para cada um de nós. E a vida dos ressuscitados será semelhante à dos anjos (cf. Lc 20,36), ou seja, toda imersa na luz de Deus, toda dedicada ao seu louvor, em uma eternidade cheia de júbilo e de paz. Mas atenção! A ressurreição não é só o fato de ressuscitar depois da morte, mas é um novo tipo de vida que já experimentamos no presente; é a vitória sobre o nada que já podemos usufruir. A ressurreição é o fundamento da fé e da esperança cristã!

Angelus, 6 de novembro de 2016

A SUA PLENITUDE ESTARÁ EM DEUS

Jó estava na escuridão, na porta da morte. E naquele momento de angústia, de dor e de sofrimento, Jó proclama a esperança. "Eu sei que meu Defensor está vivo e que o fim se levantará sobre o pó [...]. Aquele que eu vir será para mim, aquele que meus olhos contemplarem não será um estranho" (Jó 19,25.27). A comemoração dos Finados tem este significado duplo. Um sentido de tristeza: o cemitério é triste, pois nos faz lembrar os nossos entes queridos que já partiram; mas também nos faz pensar no futuro, na morte; no entanto, com essa tristeza, nós trazemos flores, como sinal de esperança e, inclusive, posso dizer, de festa, mas mais tarde, não agora. A tristeza, então, se mistura com a esperança. Sentimos também que essa esperança nos ajuda, porque nós devemos percorrer esse caminho. Todos nós trilharemos essa vereda. Mais cedo ou mais tarde! Com dor, mais ou menos dor. Com a flor da esperança, com aquela linha forte que está ancorada no além. A âncora que não desengana é a esperança da ressurreição.

E quem primeiro percorreu esse caminho foi Jesus. Nós trilhamos a vereda que Ele já percorreu. E quem nos abriu a porta foi Ele,

Jesus: com a sua cruz, nos abriu a porta da esperança para podermos entrar e contemplar Deus.

Homilia, 2 de novembro de 2016

SEJA SANTO, ONDE QUER QUE ESTEJA!

Alguns pensam que a santidade é fechar os olhos e fazer cara de santinho! Não, a santidade não é isso! A santidade é algo maior, mais profundo, que Deus nos dá. Aliás, somos chamados a nos tornar santos precisamente vivendo com amor e oferecendo o testemunho cristão nas ocupações diárias, cada qual nas condições e momentos de vida em que nos encontramos. Mas você é consagrado, consagrada? Seja santo vivendo com alegria a sua entrega e o seu ministério. É casado? Seja santo amando e cuidando do seu marido, da sua esposa, como Cristo fez com a Igreja. É um solteiro batizado? Seja santo cumprindo com honestidade e competência o seu trabalho e oferecendo o seu tempo ao serviço dos irmãos. "Mas, padre, trabalho em uma fábrica; trabalho como contador, sempre com os números, ali não se pode ser santo..." Sim, pode! Pode ser santo lá onde trabalha. É Deus quem concede a graça de ser santo, comunicando-se com você. É sempre possível ser santo, em qualquer lugar; abrir-se para essa graça que age dentro de nós e nos leva à santidade. É pai, avô? Seja santo, ensinando com paixão os filhos ou os netos a conhecer e a seguir Jesus. E é preciso muita paciência para ser um bom pai, um bom avô, uma boa mãe, uma boa avó; é preciso muita paciência, e é exercendo a paciência que se chega à santidade. É catequista, educador, voluntário? Seja santo tornando visível o sinal do amor de Deus e da Sua presença ao nosso lado. Vejam que cada condição de vida leva à santidade, sempre! Em casa, na rua, no trabalho, na igreja, em determinados momentos e em determinadas condições de vida o caminho rumo à santidade foi aberto. Não deixe de percorrer esse caminho. É precisamente Deus quem nos dá a graça. O Senhor só pede que permaneçamos em comunhão com Ele e ao serviço dos irmãos.

Audiência Geral, 19 de novembro de 2014

QUEM NÃO ACREDITA NA RESSURREIÇÃO?

Infelizmente, muitas vezes se procurou obscurecer a fé na Ressurreição de Jesus, inclusive entre os próprios fiéis surgiram dúvidas. Um pouco daquela fé "diluída", como dizemos; não é a fé forte. Isso acontece, às vezes, por superficialidade, às vezes, por indiferença, pois se preocupam com muitas coisas que consideram mais importantes que a fé, ou porque possuem uma visão plana da vida. Mas é precisamente a Ressurreição que nos abre à maior esperança, porque abre a nossa vida e a vida do mundo para o futuro eterno de Deus, para a felicidade plena, para a certeza de que o mal, o pecado e a morte podem ser derrotados. Isso leva a viver com maior confiança as realidades diárias, enfrentando-as com coragem e compromisso. A Ressurreição de Cristo ilumina com uma luz nova essas realidades cotidianas. A Ressurreição de Cristo é a nossa força!

Audiência Geral, 3 de abril de 2013

CAMINHE NA DIREÇÃO DA PORTA!

É um elmo. Eis o que é a esperança cristã. Quando se fala de esperança, podemos entendê-la segundo o significado comum do termo, ou seja, em referência a algo de bom que desejamos, mas que pode se realizar ou não. Esperamos que aconteça, é como um desejo. Por exemplo, dizemos: "Espero que amanhã o tempo seja bom!"; mas sabemos que no dia seguinte o tempo pode estar ruim... A esperança cristã não é assim. A esperança cristã é a espera de algo que já se cumpriu; ali está a porta, e espero chegar à porta. Que devo fazer? Caminhar rumo até a porta! Tenha a certeza de que chegará à porta. Assim é a esperança cristã: ter a certeza de que se está a caminho de algo que existe, não de algo que se deseja que exista. Essa é a esperança cristã. A esperança cristã é a expectativa de algo que já se cumpriu e que certamente há de se realizar para cada um de nós.

Audiência Geral, 1º de fevereiro de 2017

TODOS NOS REENCONTRAREMOS LÁ EM CIMA

"Deus ensina-nos que se prepara uma nova habitação e uma nova terra, na qual reina a justiça e cuja felicidade satisfará e superará todos os desejos de paz que se levantam no coração dos homens" (cf. Constituição Pastoral *Gaudium et spes*, 39). Eis a meta da Igreja: é, como se diz na Bíblia, a "nova Jerusalém", o "Paraíso". Mais que um lugar, trata-se de uma "condição" da alma em que as nossas expectativas mais profundas serão realizadas de modo superabundante e o nosso ser, como criaturas e como filhos de Deus, alcançará o seu pleno amadurecimento. Seremos, finalmente, revestidos da alegria, da paz e do amor de Deus, de maneira completa, já sem qualquer limite, e estaremos face a face com Ele! (cf. 1Cor 13,12). É bom pensar no Céu! Todos nós nos encontraremos lá. Isso é bom, revigora a alma!

Audiência Geral, 26 de novembro de 2014

ESCOLHA O REINO DE DEUS

Os frutos de se escolher Deus e o Seu reino nem sempre surgem de imediato. É uma decisão que se toma na esperança e que deixa a Deus a realização plena. A esperança cristã se projeta no cumprimento futuro da promessa de Deus e não se detém diante de dificuldade alguma, porque se funda na fidelidade de Deus, que nunca falta. É fiel, é um pai fiel, é um amigo fiel, é um aliado fiel.

Angelus, 26 de fevereiro de 2017

APENAS OS POBRES SABEM DE FATO TER ESPERANÇA

Quando uma mulher descobre que está grávida, ela vive esperando o dia em que poderá olhar aquela criança. Dessa mesma maneira nós também devemos viver e aprender com essa espera e viver na expectativa de olhar e encontrar o Senhor. Isso não é fácil, mas podemos aprender a viver na expectativa. Esperar implica um coração humilde, um coração pobre. Somente o pobre sabe esperar. Quem já está repleto de si e dos seus pertences, não sabe depositar a própria confiança em mais ninguém, a não ser em si mesmo.

Audiência Geral, 1º de fevereiro de 2017

NÃO DEIXE DISSIPAR O ÓLEO DA ESPERANÇA

A esperança cristã é simplesmente um desejo, um auspício, não é otimismo: para o cristão, a esperança significa expectativa, espera fervorosa e apaixonada do cumprimento derradeiro e definitivo do mistério do amor de Deus, no qual renascemos e já vivemos.

É a expectativa de alguém que está prestes a chegar: é o Cristo Senhor que se faz cada vez mais próximo de nós, dia após dia, e que vem para finalmente nos introduzir na plenitude da sua comunhão e da sua paz.

Então, a Igreja tem a tarefa de manter acesa e bem visível a lâmpada da esperança, para que possa continuar a resplandecer como sinal seguro de salvação e iluminar para a humanidade inteira o caminho que conduz ao encontro com o semblante misericordioso de Deus.

Audiência Geral, 15 de outubro de 2014

SEJA UM SINAL QUE ANTECIPA A ALEGRIA DO CÉU

A certeza firme de sermos amados por Deus está no centro da sua vocação: ser para os outros um sinal tangível da presença do reino de Deus, uma antecipação das alegrias eternas do céu. Somente se o nosso testemunho for alegre é que poderemos atrair homens e mulheres para Cristo; e essa alegria é um dom que se alimenta de uma vida de oração, da meditação da Palavra de Deus, da celebração dos Sacramentos e da vida comunitária, que é muito importante.

Quando faltam essas coisas, surgirão as fraquezas e dificuldades que obscurecem a alegria conhecida tão intimamente no início do nosso caminho.

Discurso, 16 de agosto de 2014

ESTÁ EM SUAS MÃOS

Permanecer firmes no Senhor, nessa certeza de que Ele nunca nos abandona, caminhar na esperança, trabalhar para construir um mundo melhor, não obstante as dificuldades e os acontecimentos tristes que marcam a existência pessoal e coletiva, é o que realmente conta; é quanto a comunidade cristã deve fazer para ir ao encontro do "dia do Senhor".

No Evangelho, Jesus nos exorta a ter firme na mente e no coração a certeza de que Deus conduz a nossa história e conhece o fim último das coisas e dos eventos. Sob o olhar misericordioso do Senhor se desdobra a história no seu fluir incerto e no seu entrelaçamento do bem e do mal. Mas tudo o que acontece está conservado n'Ele; a nossa vida não pode se perder porque está nas mãos d'Ele.

Angelus, 13 de novembro de 2016

PARA OS CRISTÃOS, NÃO HÁ DISTINÇÃO ENTRE QUEM ESTÁ MORTO E QUEM NÃO ESTÁ, MAS ENTRE OS QUE ESTÃO EM CRISTO E OS QUE NÃO ESTÃO

É preciso compreender que já existem uma continuidade e uma comunhão entre a Igreja que está no céu e aquela que ainda está na terra. Com efeito, aqueles que já vivem na presença de Deus podem nos apoiar e interceder por nós, rezar por nós. Por outro lado, nós também somos sempre convidados a oferecer boas obras, preces e a própria Eucaristia para aliviar a tribulação das almas que ainda se encontram à espera da bem-aventurança sem fim. Na perspectiva cristã, a distinção não se faz mais entre os que já estão mortos e aqueles que ainda vivem, mas sim entre quem está em Cristo e quem não está! Esse é o elemento determinante, verdadeiramente decisivo para a nossa salvação e felicidade.

Audiência Geral, 26 de novembro de 2014

O QUE NOS AGUARDA?

É muito bonita a visão do céu que ouvimos na primeira Leitura: o Senhor Deus, a beleza, a bondade, a verdade, a ternura, o amor pleno. É tudo isso que nos espera. Aqueles que nos precederam e morreram no Senhor se encontram lá. Eles proclamam que foram salvos não pelas suas obras — também realizaram obras boas —, mas pelo Senhor: "A salvação pertence ao nosso Deus, que está sentado no trono, e ao Cordeiro" (Ap 7,10).

É Ele quem nos salva, é Ele quem, no final da nossa vida, nos leva pela mão, como um pai, precisamente para aquele céu onde se encontram os nossos antepassados. Um dos anciãos faz uma pergunta: "Estes, que estão trajados com vestes brancas, quem são e de onde vieram?" (Ap 7,13).

Quem são esses justos, esses santos que estão no céu? A resposta: "Estes são os que vêm da grande tribulação: lavaram as suas vestes e alvejaram-nas no sangue do Cordeiro" (Ap 7,14). Só podemos entrar no Céu graças ao sangue do Cordeiro, graças ao sangue de Cristo. Foi precisamente o sangue de Cristo que nos justificou, que nos abriu as portas do céu. E, se hoje recordamos esses nossos irmãos e irmãs que nos precederam na vida e estão no céu, é porque eles foram lavados pelo sangue de Cristo.

Essa é a nossa esperança: a esperança do sangue de Cristo! Uma esperança que não desengana, se caminharmos na vida com o Senhor. Ele nunca desilude!

Homilia, 1º de novembro de 2013

AGUARDEMOS O MARIDO!

Caros irmãos e irmãs, estamos à espera da volta de Jesus! Como esposa, a Igreja aguarda o seu marido! No entanto, devemos nos perguntar com profunda sinceridade: somos verdadeiramente testemunhas luminosas e razoáveis dessa espera, dessa esperança? As nossas comunidades ainda vivem no sinal da presença do Senhor Jesus e à espera da sua vinda, ou então parecem cansadas, entorpecidas sob o peso da fadiga e da resignação? Nós também corremos o risco de esgotar o óleo da fé, o óleo da alegria? Tomemos cuidado!

Audiência Geral, 15 de outubro de 2014

QUE TODO ATO SEU SEJA SEMENTE
QUE DESABROCHA NO JARDIM DE DEUS

Se não fosse a referência ao Paraíso e à vida eterna, o cristianismo seria reduzido a uma ética, a uma filosofia de vida. Contudo, a mensagem da fé cristã vem do céu, é revelada por Deus e vai além deste mundo. Acreditar na ressurreição é essencial para que cada um dos nossos atos de amor cristão não seja efêmero, nem um fim em si mesmo, mas se torne uma semente destinada a desabrochar no jardim de Deus, e produzir frutos de vida eterna.

A Virgem Maria, rainha do céu e da terra, nos confirma na esperança da ressurreição e nos ajuda a fazer frutificar em obras boas a palavra do seu Filho semeada nos nossos corações.

Angelus, 6 de novembro de 2016

TUDO SE TRANSFORMA, E A SUA ALEGRIA SERÁ PLENA

Imediatamente tudo se transforma: o deserto floresce, a consolação e a alegria invadem os corações (cf. Is 35,1.5-7). Esses sinais anunciados por Isaías como reveladores da salvação já presente realizam-se em Jesus. Ele mesmo o afirma respondendo aos mensageiros enviados por João Batista. O que diz Jesus a esses mensageiros? "Os cegos recuperam a vista, os coxos andam, os leprosos são purificados e os surdos ouvem, os mortos ressuscitam" (Mt 11,5).

Não são palavras, mas fatos que demonstram como a salvação, que Jesus trouxe, abrange todo o ser humano e o regenera. Deus entrou na história para nos libertar da escravidão do pecado; montou a sua tenda no meio de nós para partilhar a nossa existência, curar as nossas chagas, costurar as nossas feridas e nos doar a vida nova. A alegria é o fruto dessa intervenção de salvação e de amor de Deus.

Somos chamados a nos deixar arrebatar pelo sentimento de exultação... Mas ao cristão que não se alegra, falta-lhe alguma coisa, ou então não é cristão! A alegria do coração, a alegria que trazemos dentro de nós e nos incute coragem. O Senhor vem, vem à nossa vida como libertador, vem nos libertar de toda escravidão interior e exterior. É Ele quem nos indica o caminho da fidelidade, da paciência e da perseverança, porque, quando ele voltar, a nossa alegria será plena.

Angelus, 11 de dezembro de 2016

A "LEI DA VIDA" DO FIEL QUE SENTE FALTA DE DEUS

A nostalgia santa de Deus surge no coração fiel, porque sabe que o Evangelho não é um acontecimento do passado, mas do presente. A nostalgia santa de Deus nos permite manter os olhos abertos contra todas as tentativas de restringir e empobrecer a vida. A nostalgia santa de Deus é a memória fiel que se rebela contra os profetas de desgraça. É essa nostalgia que mantém viva a esperança da comunidade fiel que implora, semana após semana, com as palavras: "Vinde, Senhor Jesus!".

Era precisamente essa nostalgia que impelia o velho Simeão a ir ao templo todos os dias, tendo a certeza de que a sua vida não acabaria sem ter nos braços o Salvador. Foi essa nostalgia que impeliu o filho pródigo a sair de um comportamento autodestrutivo e procurar os braços de seu pai. Era essa nostalgia que sentia no seu coração o pastor, quando deixou as 99 ovelhas para ir à procura da que se extraviara. E foi também o que sentiu Maria Madalena na madrugada do Domingo de Páscoa, fazendo-a correr até ao sepulcro e encontrar o seu Mestre ressuscitado.

A nostalgia de Deus nos leva para fora das nossas posições deterministas, que nos induzem a pensar que nada pode mudar. A nostalgia de Deus é a disposição que rompe com o conformismo inerte, fazendo com que nos esforçamos para mudar o que precisamos. A nostalgia de Deus tem as suas origens no passado, mas não se detém por lá, pois vai à procura do futuro.

Impelido pela sua fé, o fiel "nostálgico" vai à procura de Deus, como os Reis Magos, nos lugares mais recônditos da história, pois tem certeza, em seu coração, de que lá o Senhor o espera.

Homilia, 6 de janeiro de 2017

AGARRE-SE AO CABO DA ÂNCORA

Ouvimos na segunda Leitura aquilo que o apóstolo João dizia aos seus discípulos: "Vede que prova de amor nos deu o Pai: sermos chamados de filhos de Deus. E nós o somos! Se o mundo não nos conhece [...] desde já somos filhos de Deus, mas o que nós seremos ainda não se manifestou. Sabemos que por ocasião desta manifestação seremos semelhantes a Ele, porque o veremos tal como Ele é" (1Jo 3,1-2). Ver Deus, sermos semelhantes a Deus: essa é a nossa esperança. E hoje, precisamente no dia de Todos os Santos e antes dos Finados, é necessário ponderar um pouco sobre a esperança que nos acompanha durante a vida. Os primeiros cristãos representavam a esperança como uma âncora, como se a vida fosse a âncora lançada à margem do céu e todos nós caminhássemos rumo àquela margem, agarrados ao cabo da âncora. Esta é uma imagem bonita da esperança: ter o coração ancorado onde estão os nossos antepassados, onde se encontram os santos, onde está Jesus, onde está Deus. Essa é a esperança que não desilude; hoje e amanhã são dias de esperança.

Homilia, 1º de novembro de 2013

PARTE IV
QUEM REZA VIVE DIAS SERENOS

A oração completa o ser humano

*É o Espírito que nos aconselha, mas devemos dar espaço
ao Espírito, para que possa aconselhar. E dar espaço é
rezar para que Ele venha e nos ajude sempre.*
Audiência Geral, 7 de maio de 2014

POR QUE O PAPA FRANCISCO É FELIZ...

Sou feliz! E sou feliz, porque tenho um trabalho, não sou um desempregado; tenho uma ocupação, um trabalho de pastor! Sou feliz porque encontrei o meu caminho na vida, e percorrer esse caminho me deixa feliz. É também uma felicidade tranquila, porque nessa idade não se trata da mesma felicidade de um jovem, pois há uma diferença. É uma certa paz interior, uma paz profunda, uma felicidade que vem, inclusive, com a idade. Esse caminho sempre apresentou problemas, até hoje eles existem, mas essa felicidade não some com os problemas, pelo contrário: ela os vê, sofre por causa deles, faz alguma coisa para resolvê-los e, depois, segue adiante. Essa paz e essa felicidade estão dentro do coração. Para mim, trata-se verdadeiramente de uma graça de Deus. É uma graça. Não é mérito pessoal!

Encontro com jovens da Bélgica,
31 de março de 2014

QUANTOS SÃO OS HOMENS, TANTOS SÃO OS MODOS DE REZAR

Quantos modos diferentes de rezar pelo próximo existem! Todos são válidos, e Deus aceita todos, se feitos com o coração. Penso particularmente nas mães e nos pais que abençoam os seus filhos de manhã e à noite. Em algumas famílias ainda permanece esse hábito: abençoar o filho é uma oração. Penso na oração pelos doentes, quando vamos visitá-los e rezamos por eles; penso na intervenção silenciosa, em meio às lágrimas, pois existem muitas situações difíceis pelas quais devemos rezar.

Audiência Geral, 30 de novembro de 2016

REZE COM SUAS OBRAS

Ontem, veio à Missa em Santa Marta um homem bom, um empresário. Aquele homem jovem deveria fechar a sua fábrica, porque não conseguia mantê-la, e chorava dizendo: "Não tenho coragem de deixar sem trabalho mais de cinquenta famílias. Poderia declarar a falência da empresa: volto para casa com o meu dinheiro, mas o meu coração chorará a vida inteira por essas cinquenta famílias". Eis um bom cristão que reza com as obras: veio à missa para rezar, a fim de que o Senhor lhe indique uma solução, não só para ele, mas para as cinquenta famílias. Esse é um homem que sabe rezar, com o coração e com as mãos, sabe orar pelo próximo.

Audiência Geral, 30 de novembro de 2016

A VERDADEIRA ORAÇÃO CRISTÃ DIZ: "PAI"

Jesus diz que o Pai que está no céu "sabe do que tendes necessidade antes de lho pedirdes" (Mt 6,8). Essa é a chave da oração. Sem dizer, sem ouvir essa palavra, não se pode rezar... A quem rezo? Ao

Deus onipotente? Ele está longe demais. Isso eu não compreendo, nem mesmo Jesus compreendia. A quem oro? Ao Deus cósmico? É normal nos dias atuais, rezar ao Deus cósmico, não? Essa modalidade politeísta que chega com uma cultura superficial.

É necessário rezar ao Pai "nosso", Ele quem gerou, quem deu a vida, a você, a mim... que acompanha você em sua jornada, que conhece toda sua vida, que sabe o que é bom e o que não é tão bom. Conhece tudo... Se não começamos a oração com essa palavra recitada pelo coração, não podemos rezar como cristãos.

Meditação na capela da Catedral de Santa Marta,
20 de junho de 2013

DEIXE QUE O ESPÍRITO REZE EM VOCÊ

O agradecimento que se faz por uma boa notícia também é rezar pelos outros! Agradecer ao Senhor quando as coisas correm bem. Às vezes, como diz são Paulo, "não sabemos o que pedir como convém; mas o próprio Espírito intercede por nós com gemidos inefáveis" (Rm 8,26). É o Espírito que ora dentro de nós. Portanto, abramos o nosso coração de maneira que o Espírito Santo, perscrutando os desejos que estão no mais profundo de nós, possa purificá-los e realizá--los. Contudo, por nós e pelos outros, peçamos sempre que se faça a vontade de Deus, como no Pai-Nosso, porque a Sua vontade é certamente o maior bem, o bem de um Pai que nunca nos abandona: rezar e deixar que o Espírito Santo reze em nós. Isso é bonito na vida: rezar agradecendo, louvando a Deus, pedindo algo, chorando quando há uma dificuldade, mas mantendo o coração sempre aberto ao Espírito para que reze em nós, conosco e por nós.

Audiência Geral, 30 de novembro de 2016

REZE O PAI DE TODOS E AME A TODOS

Deus é apenas meu pai? Não, é Pai nosso, porque eu não sou filho único. Nenhum de nós é. Se não posso ser irmão, dificilmente poderei me tornar filho desse Pai, porque é um Pai que é meu, mas também dos outros, dos meus irmãos... Se não estou em paz com os meus irmãos, não posso chamá-lo de Pai. E assim se explica como Jesus, depois de ter nos ensinado o Pai-Nosso, disse em seguida: "Pois, se perdoardes aos homens e seus delitos, também o vosso Pai celeste vos perdoará; mas se não perdoardes aos homens, o vosso Pai também não nos perdoará" (Mt 6,14-15).

Isso é difícil. Mas Jesus nos prometeu o Espírito Santo. É ele que nos ensina de dentro, do coração, como dizer "Pai" e como dizer "nosso", fazendo as pazes com todos os nossos inimigos.

Meditação na capela da Catedral de Santa Marta,
20 de junho de 2013

COM A ORAÇÃO CRIAMOS ESPAÇO

Voltamos sempre ao mesmo tema: a oração! Mas o tipo de oração não é tão importante. Podemos rezar com as preces que todos sabemos desde crianças, mas também com as nossas palavras. Pedir ao Senhor: "Senhor, ajudai-me, aconselhai-me, o que devo fazer agora?". Com a oração, damos espaço para que o Espírito venha e nos ajude naquele momento, nos aconselhe sobre o que devemos fazer. A oração! Nunca esqueçam a oração. Ninguém nota quando rezamos no ônibus, na rua, rezamos em silêncio, com o coração.

Audiência Geral, 7 de maio de 2014

APRENDA O QUE DIZER AO SENHOR

Jesus nos ensina: o Pai sabe de tudo. Não se preocupem, o Pai envia a chuva para os justos e os pecadores, o sol para os justos e pecadores. Eu gostaria que todos nós, por cinco minutos ao dia, recitássemos lentamente o salmo 103 da Bíblia:... "Bendize ao Senhor, ó minha alma, e tudo o que há em mim ao seu nome santo! Bendize ao Senhor, ó minha alma, e não esqueças nenhum dos seus benefícios. É Ele quem perdoa tua culpa toda, e cura todos os teus males. É Ele quem redime tua vida da cova e te coroa de amor e compaixão" (Sl 103,1-4). Rezemos o salmo inteiro, para aprendermos o que devemos dizer ao Senhor, quando pedimos uma graça.

Meditação na capela da Catedral de Santa Marta,
1º de julho de 2013

NÃO O QUE ME AGRADA, MAS O QUE AGRADA A ELE

Na intimidade com Deus e na escuta da Sua Palavra, começamos gradualmente a abandonar a nossa lógica pessoal, ditada muitas vezes pelas nossas conclusões, preconceitos e ambições, e aprendemos a perguntar ao Senhor: qual é o Seu desejo? Qual é a Sua vontade? O que agrada a Ele? Desse modo, amadurece em nós uma sintonia profunda, quase natural com o Espírito, e podemos experimentar como são verdadeiras as palavras de Jesus apresentadas no Evangelho de Mateus: "Não fiqueis preocupados em saber como ou o que haveis de falar. Naquele momento vos será indicado o que deveis falar, porque não sereis vós que estareis falando, mas o Espírito do vosso Pai é que falará em vós" (Mt 10,19-20).

Audiência Geral, 7 de maio de 2014

FAMÍLIAS QUE REZAM UNIDAS

Vocês rezam algumas vezes em família? Alguns, eu sei que sim. Mas muitos me perguntam: como se faz? Ora, faz-se como o publicano, está claro: com humildade, diante de Deus. Cada um com humildade se deixa olhar pelo Senhor e pede a Sua bondade, que ela venha até nós. Mas, na família, como se faz? Porque parece que a oração é uma coisa pessoal; além disso, nunca se encontra um momento oportuno, tranquilo, em família para tal... Ao mesmo tempo, é uma questão também de humildade, de reconhecer que precisamos de Deus, como o publicano! E todas as famílias, todos nós precisamos de Deus! Precisamos da Sua ajuda, da Sua força, da Sua bênção, da Sua misericórdia, do Seu perdão. E é preciso simplicidade para rezar em família. Rezar junto o Pai-Nosso, ao redor da mesa, não é uma coisa extraordinária, é fácil. Rezar junto o Terço, em família, é muito belo, dá tanta força! E também rezar um pelo outro: o marido pela esposa; a esposa pelo marido; os pais pelos filhos; os filhos pelos pais, pelos avós... Rezar um pelo outro. Isso é rezar em família, e a oração fortalece a família.

Homilia, 22 de outubro de 2013

As orações do papa Francisco para uma vida bem-sucedida

Não sei, talvez isso soe mal, mas rezar é irritar
um pouco Deus, para que nos escute...
Meditação, 6 de dezembro de 2013

A ORAÇÃO DOS FILHOS, ENSINADA POR JESUS

Pai nosso, que estás nos céus,
santificado seja o Teu nome.
Venha a nós o Teu reino.
Seja feita a Tua vontade,
assim na terra como no céu.
O pão de cada dia nos dá hoje.
Perdoa-nos as nossas ofensas
assim como nós perdoamos aos que nos têm ofendido.
E não nos deixes cair em tentação,
mas livra-nos do mal.
Amém

O SALMO DA ALEGRIA DO HOMEM BEM-SUCEDIDO
(citado por papa Francisco na abertura de *Amoris laetitia*)

Felizes os que obedecem ao Senhor
e andam nos seus caminhos.

Comerás do fruto do teu próprio trabalho:
assim serás feliz e viverás contente.
A tua esposa será como videira fecunda
na intimidade do teu lar;
os teus filhos serão como rebentos de oliveira
ao redor da tua mesa.
Assim vai ser abençoado
o homem que obedece ao Senhor.
O Senhor te abençoe do monte Sião!
Possas contemplar a prosperidade de Jerusalém
todos os dias da tua vida,
e chegues a ver os filhos dos teus filhos.
Paz a Israel! (Sl 128,1-6).

O SALMO DE QUEM DESEJA APRENDER O QUE PEDIR A DEUS
(papa Francisco convida a lê-lo todos os dias lentamente)*

Bendize ao Senhor, ó minha alma,
e tudo o que há em mim ao seu nome santo.
Bendize ao Senhor, ó minha alma,
e não esqueças nenhum dos seus benefícios.

É Ele quem perdoa tua culpa toda
e cura todos os teus males.
É Ele quem redime tua vida da cova
e te coroa de amor e compaixão.
É Ele quem sacia teus anos de bens
e, como a da águia, tua juventude se renova.

---

* Veja a homilia em Meditação na capela da Catedral de Santa Marta, "Aprenda o que dizer ao Senhor", citada na p. 183.

O Senhor realiza atos justos,
fazendo justiça a todos os oprimidos;
revelou Seus caminhos a Moisés
e Suas façanhas aos filhos de Israel.

O Senhor é compaixão e piedade,
lento para a cólera e cheio de amor;
Ele não vai disputar perpetuamente, e seu rancor não dura para
[sempre.
Nunca nos trata conforme nossos erros,
nem nos devolve segundo nossas culpas.

Como o céu que se alteia sobre a terra,
é forte Seu amor por aqueles que O temem.
Como o oriente está longe do ocidente,
Ele afasta de nós as nossas transgressões.

Como um pai é compassivo com seus filhos,
o Senhor é compassivo com aqueles que O temem;
porque Ele conhece nossa estrutura,
Ele se lembra do pó que somos nós.

O homem!... seus dias são como a relva:
Ele floresce como a flor do campo;
roça-lhe um vento e já desaparece,
e ninguém mais reconhece seu lugar.

Mas o amor do Senhor!... existe desde sempre
e para sempre existirá por aqueles que O temem;
Sua justiça é para os filhos dos filhos,
para os que observam Sua aliança
e se lembram de cumprir Suas ordens.

O Senhor firmou no céu o Seu trono
e Sua realeza governa o universo.
Bendizei ao Senhor, anjos seus,
executores poderosos da Sua palavra,
obedientes ao som da Sua palavra.

Bendizei ao Senhor, seus exércitos todos,
ministros que cumpris a Sua vontade.
Bendizei ao Senhor, todas as Suas obras,
nos lugares todos que Ele governa.
Bendizei ao Senhor, ó minha alma! (Sl 103)

ORAÇÃO DE QUEM DESEJA RETORNAR

Senhor,
deixei-me enganar,
de mil maneiras fugi do Vosso amor,
mas aqui estou novamente para renovar a minha aliança convosco.
Preciso de Vós.
Resgatai-me de novo, Senhor;
aceitai-me mais uma vez nos Vossos braços redentores.

Evangelii gaudium, 2

ORE, MARIA, POR NÓS PEREGRINOS NO TEMPO

Obrigado, ó Santa Mãe do Filho de Deus, Jesus, Santa Mãe de Deus!
Obrigado pela tua humildade, que atraiu o olhar de Deus;
obrigado pela fé com que recebeste a sua Palavra;
obrigado pela coragem com que dissoste "Eis-me",
esquecendo-te de ti mesma, fascinada pelo santo Amor,

fazendo-te uma só com a sua esperança.
Obrigado, ó Santa Mãe de Deus!
Intercede por nós, peregrinos no tempo;
ajuda-nos a percorrer o caminho da paz.
Amém!

Angelus, 1º de janeiro de 2017

SUSTENTE, MÃE, A ESPERA CONFIANTE DE NOSSO CORAÇÃO

Ó Maria, nossa Mãe,
que, em Cristo, acolheis a cada um de nós como filho,
sustentai a expectativa confiante do nosso coração,
socorrei-nos nas nossas enfermidades e tribulações,
guiai-nos para Cristo, vosso filho e nosso irmão,
e ajudai a confiarmo-nos ao Pai que faz maravilhas.

Mensagem para o Dia Mundial do Doente,
8 de dezembro de 2016

PARA A VOCAÇÃO DE MULHERES E HOMENS FELIZES

Pai de misericórdia,
que destes o Vosso Filho pela nossa salvação
e sempre nos sustentais com os dons do Vosso Espírito,
concedei-nos comunidades cristãs vivas, fervorosas e felizes,
que sejam fontes de vida fraterna
e suscitem nos jovens o desejo de se consagrarem
a Vós e à evangelização.
Sustentai-as no Seu compromisso
de propor uma adequada catequese vocacional
e caminhos de especial consagração.

Dai sabedoria para o necessário discernimento vocacional,
de modo que, em tudo, resplandeça
a grandeza do Vosso amor misericordioso.
Maria, Mãe e educadora de Jesus,
interceda por cada comunidade cristã,
para que, tornada fecunda pelo Espírito Santo,
seja fonte de vocações autênticas
para o serviço do povo santo de Deus.

Mensagem para o Dia Mundial de Oração pelas Vocações,
29 de novembro de 2015

QUANDO NOS APRESENTARMOS A TI
(Oração dos finados do Padre Antonio Rungi,
recitada por papa Francisco durante o *Angelus*)

Deus de misericórdia infinita,
confiamos à Vossa bondade imensa
quantos deixaram este mundo para a eternidade,
onde Vós esperais a humanidade inteira,
redimida pelo sangue precioso de Cristo,
Vosso Filho, morto em resgate pelos nossos pecados.

Senhor, não olheis para as numerosas formas de pobreza,
miséria e debilidade humanas,
quando nos apresentarmos diante do vosso Tribunal,
para sermos julgados para a felicidade ou a condenação.
Dirigi-nos o Vosso olhar piedoso,
que nasce da ternura do Vosso Coração,
e ajudai-nos a caminhar
pela senda de uma purificação completa.

Que nenhum dos Vossos filhos se perca
no fogo eterno do inferno,
onde já não há lugar para o arrependimento.
Senhor, confiamos-vos as almas dos nossos entes queridos,
das pessoas que morreram sem o alívio sacramental,
ou que não tiveram a possibilidade de se arrepender
nem sequer no termo da própria vida.

Que ninguém tenha medo de se encontrar convosco,
depois da peregrinação terrena,
na esperança de ser recebido nos braços
da Vossa misericórdia infinita.

Que a irmã morte corporal nos encontre vigilantes na oração
e repletos de todo o bem praticado ao longo da nossa existência,
breve ou longa que tenha sido.
Senhor, nada nos afaste de Vós nesta terra,
mas tudo e todos nos sustentem
no desejo abrasador de descansar tranquila
e eternamente em Vós. Assim seja!

Angelus, 2 de novembro de 2014

INVOCAÇÃO DO HOMEM DE PAZ

Senhor Deus de Paz, escutai a nossa súplica!
Tentamos tantas vezes e durante tantos anos resolver os nossos
conflitos com as nossas forças e também com as nossas armas; tantos
momentos de hostilidade e escuridão; tanto sangue derramado; tantas vidas despedaçadas; tantas esperanças sepultadas... Mas os nossos
esforços foram em vão. Agora, Senhor, ajudai-nos Vós! Dai-nos Vós
a paz, ensinai-nos Vós a paz, guiai-nos Vós para a paz. Abri os nossos

olhos e os nossos corações e dai-nos a coragem de dizer: "nunca mais a guerra"; "com a guerra, tudo fica destruído"! Infundi em nós a coragem de realizar gestos concretos para construir a paz. Senhor, Deus de Abraão e dos Profetas, Deus Amor que nos criastes e chamais a viver como irmãos, dai-nos a força para sermos cada dia artesãos da paz; dai-nos a capacidade de olhar com benevolência todos os irmãos que encontramos no nosso caminho. Tornai-nos disponíveis para ouvir o grito dos nossos cidadãos que nos pedem para transformar as nossas armas em instrumentos de paz, os nossos medos em confiança e as nossas tensões em perdão. Mantende acesa em nós a chama da esperança para efetuar, com paciente perseverança, opções de diálogo e reconciliação, para que vença finalmente a paz. E que do coração de todo o homem sejam banidas estas palavras: divisão, ódio, guerra! Senhor, desarmai a língua e as mãos, renovai os corações e as mentes, para que a palavra que nos faz encontrar seja sempre "irmão", e o estilo da nossa vida se torne: shalom, paz, salam! Amém.

Oração pela Paz, 8 de junho de 2014

A MARIA, DONA DA ESCUTA

Maria, Mulher da escuta,
abre os nossos ouvidos;
faz com que saibamos ouvir a Palavra do teu Filho Jesus,
no meio das mil palavras deste mundo;
faz com que saibamos ouvir a realidade em que vivemos,
cada pessoa que encontramos,
especialmente quem é pobre e necessitado, quem se encontra em
[dificuldade.

Maria, Mulher da decisão,
ilumina a nossa mente e o nosso coração,

a fim de que saibamos obedecer à Palavra do teu Filho Jesus,
sem hesitações;
concede-nos a coragem da decisão,
de não nos deixarmos arrastar
para que outros orientem a nossa vida.

Maria, Mulher da ação,
faz com que as nossas mãos e os nossos pés
se movam "apressadamente" rumo aos outros,
para levar a caridade e o amor do teu Filho Jesus,
para levar ao mundo, como tu, a luz do Evangelho.
Amém!

Homilia, 31 de maio de 2013

PARA AS COMUNIDADES E VOCAÇÕES CONSAGRADAS NA IGREJA

Pai misericordioso,
que deu Seu Filho para nossa salvação
e sempre nos sustenta com as dádivas do Seu Espírito,
concede-nos comunidades cristãs vivas, ferventes e alegres,
que são fonte de vida fraterna e suscitam entre os jovens
o desejo de se consagrarem a Ti e à evangelização.
Sustente-os no empenho
de propor uma catequese vocacional adequada
para que assim em todos resplenda a grandeza
do Teu amor misericordioso.
Maria, Mãe e educadora de Jesus,
interceda por todas as comunidades cristãs,
a fim de que, fecundada pelo Espírito Santo,

seja fonte de vocações genuínas
ao serviço do povo santo de Deus.

Mensagem, 29 de novembro de 2015

ORAÇÃO DA QUINTA-FEIRA SANTA PARA OS SACERDOTES

Nesta Quinta-Feira Santa, peço ao Senhor Jesus que faça desco-brir a muitos jovens aquele ardor do coração que faz acender a alegria logo que alguém tem a feliz audácia de responder com prontidão ao seu chamamento.

Nesta Quinta-Feira Santa, peço ao Senhor Jesus que conserve o brilho jubiloso nos olhos dos recém-ordenados, que partem para "se dar de comer" pelo mundo, para consumar-se no meio do povo fiel de Deus, que exultam preparando a primeira homilia, a primeira Missa, o primeiro Batismo, a primeira Confissão... é a alegria de po-der pela primeira vez, como ungidos, partilhar — maravilhados — o tesouro do Evangelho e sentir que o povo fiel volta a ungir-Te de outra maneira: com os seus pedidos, inclinando a cabeça para que Tu os abençoe, apertando-Te as mãos, apresentando-Te aos Seus filhos, intercedendo pelos Seus doentes...

Conserva, Senhor,

nos Teus sacerdotes jovens,

a alegria de começar,

de fazer cada coisa como nova,

a alegria de consumar a vida por Ti.

Nesta Quinta-feira sacerdotal, peço ao Senhor Jesus que confir-me a alegria sacerdotal daqueles que têm muitos anos de ministério. Aquela alegria que, sem desaparecer dos olhos, pousa sobre as costas dos que suportam o peso do ministério, aqueles sacerdotes que já tomaram o pulso ao trabalho, reúnem as suas forças e se rearmam: "tomam fôlego", como dizem os atletas.

Conserva, Senhor,
a profundidade e a sábia maturidade
da alegria dos sacerdotes adultos.
Saibam orar como Neemias:
a alegria do Senhor é a minha força.

Enfim, nesta Quinta-feira sacerdotal, peço ao Senhor Jesus que brilhe a alegria dos sacerdotes idosos, saudáveis ou doentes. É a alegria da Cruz, que emana da certeza de possuir um tesouro incorruptível em um vaso de barro que vai se desfazendo. Saibam estar bem em qualquer lugar, sentindo na fugacidade do tempo o sabor do eterno.

Sintam, Senhor,
a alegria de passar a chama,
a alegria de ver crescer os filhos dos filhos
e de saudar, sorrindo e com mansidão,
as promessas, naquela esperança que não desilude.

Homilia, 17 de abril de 2014

ORAÇÃO A VIRGEM PARA QUE NOS TRANSFORME O CORAÇÃO

Virgem e Mãe Maria,
Vós que, movida pelo Espírito,
acolhestes o Verbo da vida
na profundidade da vossa fé humilde,
totalmente entregue ao Eterno,
ajudai-nos a dizer o nosso "sim"
perante a urgência, mais imperiosa do que nunca,
de fazer ressoar a Boa-Nova de Jesus.
Vós, cheia da presença de Cristo,
levastes a alegria a João, o Batista,
fazendo-o exultar no seio de sua mãe.
Vós, estremecendo de alegria,

cantastes as maravilhas do Senhor.
Vós, que permanecestes firme diante da Cruz
com uma fé inabalável,
e recebestes a jubilosa consolação da ressurreição,
reunistes os discípulos à espera do Espírito
para que nascesse a Igreja evangelizadora.
Alcançai-nos agora um novo ardor de ressuscitados
para levar a todos o Evangelho da vida
que vence a morte.
Dai-nos a santa ousadia de buscar novos caminhos
para que chegue a todos
o dom da beleza que não se apaga.
Vós, Virgem da escuta e da contemplação,
Mãe do amor, esposa das núpcias eternas
intercedei pela Igreja, da qual sois o ícone puríssimo,
para que ela nunca se feche nem se detenha
na sua paixão por instaurar o Reino.
Estrela da nova evangelização,
ajudai-nos a refulgir com o testemunho da comunhão,
do serviço, da fé ardente e generosa,
da justiça e do amor aos pobres,
para que a alegria do Evangelho
chegue até aos confins da terra
e nenhuma periferia fique privada da sua luz.
Mãe do Evangelho vivente,
manancial de alegria para os pequeninos,
rogai por nós.
Amém. Aleluia!

Evangelii gaudium, 288

ORAÇÃO DE SANTA FAUSTINA
(Irmã Faustina Kowalska, *Diário*, 163)

Ajuda-me, Senhor, para que [...]
os meus olhos sejam misericordiosos,
de modo que eu jamais suspeite
nem julgue as pessoas pela aparência externa,
mas perceba a beleza interior dos outros e possa ajudá-los [...];
o meu ouvido seja misericordioso,
de modo que eu esteja atenta às necessidades do próximo
e não me permitais permanecer indiferente
diante de suas dores e lágrimas [...];
a minha língua seja misericordiosa,
de modo que eu nunca fale mal do próximo;
que eu tenha para cada um deles uma palavra de conforto
e de perdão [...];
as minhas mãos sejam misericordiosas
e transbordantes de boas obras [...];
os meus pés sejam misericordiosos,
levem sem descanso ajuda aos meus irmãos,
vencendo a fadiga e o cansaço [...];
o meu coração seja misericordioso,
para que eu seja sensível a todos os sofrimentos do próximo.

Mensagem para a Jornada Mundial da Juventude,
21 de janeiro de 2014

TIPOGRAFIA Adriane por Marconi Lima
DIAGRAMAÇÃO Verba Editorial
PAPEL Pólen Soft, Suzano S.A.
IMPRESSÃO Gráfica Bartira, setembro de 2021

A marca fsc® é a garantia de que a madeira utilizada na fabricação do papel deste livro provém de florestas que foram gerenciadas de maneira ambientalmente correta, socialmente justa e economicamente viável, além de outras fontes de origem controlada.